村瀬学

いじめの解決 教室に広場を

「法の人」を育てる具体的な提案

言視舎

はじめに――「法の人」を育てる

学校教育が始まって、一体どれだけの生徒や学生が、いじめで悩み、傷つき、自殺するに至ってきたか、そのデータや統計に表れない出来事の総体を思い浮かべると、その数値は、膨大なものになります。

小説『**長い道**』を書き終えた**柏原兵三**は、学徒疎開時のいじめを「人間の政治状況の象徴図」として書こうと企てたと回想していたのですが、まさに作品は**「子ども同士の政治状況」の恐ろしさ**を秘めていました。子どもに「政治状況」などあり得ない、と言われるかも知れません。でも現実には、子ども同士が「政治的」に誰かを追いつめてきていたのです。だからこそ、あれからもずっと、毎年苦しんで自死する子どもがあとを絶たない悲惨な状況は続いてきています。いじめによる自殺とカウントされなかったり、転校したり、不登校になったりすれば、それはいじめの数値としては少しも表には出てこないままに来ています。

そんな状況が切れ目なく続く中で、**国や学校は「いじめをなくす」とか「いじめを許さない」とか「早期発見」と言い続けている**のです。どこか変だとは思われませんか。国や学校は何かしら大きな勘違いをしてきているのではないか。ずっと以前から、**大きなうねりとして起こり続けているものを、国や学校は「なくせる」もののように過小評価というか、見間違えている**のではないか、と私は思います。喩えてみれば、海には海流のうねりがあるのに、それを見ないで、海面に波立つ波だけを危険視し、それを「なくそう」と言っているような感じに見えるのです。

私は、少年時代から始まる「海面の下を流れるうねり」から「いじめ」をとらえ直すべきだと思ってきました。そしてその「うねり」をここでは、子どもたちが作り出す「子ども法」にあると見定めてきました。この「子ども法」を産み出す「政治的力」が、子どもたちの間に「違反者」や「罪人」を作り出すことになり、次にその「違反者」や「罪人」に「罰」や「制裁」を加えることを思いつき始める、という疑似法的な動きへの理解です。この動きが「海面に浮かぶ動き」として見えるのが「いじめ」です。でも実際には、**目に見えるいじめだけが問題ではなく、水面下で動く子どもたちの疑似法的な動きがもっと大きな、もっと大事な問題**だったのです。

私はこの「力」ときちんと向き合ってこなかったことが、国や学校の「いじめ対策」を不毛なものにし続けてきたと思っています。

私は、そこからこの水面下で動き始める「子ども法」つくりへの動きを、もっと表の活動として国も学校も認めることから始めないといけないと思ってきました。そして、その活動を、この本では**「教室に広場つくりを」という主張**として展開しています。

もちろん、この「広場」の考察は、単なる思いつきではありません。人類がつくってきた共同体の広場、都市の広場、革命の広場と、すでに実現されてきた「広場」を見据え、その流れを受けとめ直して提出している**実現可能なアイディア**です。そして実際のいじめの「根本的な対策」はこの「広場つくり」にしかないとすら私は思っています。

その「広場つくり」は10歳から始められるべきだと提案しています。その「広場」とは何か、広場の運営とはどうすることなのかは、本文を見ていただくしかありません。

ただこの本の主張は、「いじめ対策」という狭い視点で考えられたものではありません。子どもたちが自分たちで「子ども法」をつくる中で、人知れずに「法の人」になる予行演習をしているにもかかわらず、その「子ども法」が「大人の法（刑法・民法・憲法）」とクロスさせる機会をもたないまま地下活動として潜行させられているところを問題視しているのです。そして、その潜行する**「子ども法」を「大人法」とクロスさせるために、早くから（10歳から）「広場つくり」を活用**してゆこうというアイディアを提出しているものなのです。

そしてさらに、この本の狙いは、この「広場つくり」の活動を通して、**子どもたちが自分たちを「法の人」「公共の人」として立ち上げてゆく体験**を重ねることができ、来たるべき「18歳成人」としての自分を迎える体験にもなっているところを強調したいと思っているのです。海外では「**市民**

教育（シティズンシップ）」と呼んできているものを、私はこの「広場つくり」の体験を通して必ず実現できてゆくものと確信しています。

こういう「公共の人」に育ってゆくことを国や学校は、本来望んでいるはずなのです。私は近いうちに、「広場つくり」の体験を積み重ねていった若者たちが、「18歳の成人式」を自分たちで決行し、市政や自分たちの街づくりに大きく関わってくれるだろうと思っています。

それでも、教室に子どもだけで「広場」なんぞつくれるわけがないと思われている人には、長編小説『長い道』の解説（113頁）をまず読まれるといいと思います。小学五年生でここまでのことができるのかと、きっと世界観が変わると思いますから。文学作品の力を味わったあとで、第1章の、これしかないというういじめへの提案に向かっていただけるのなら幸いです。

いじめの解決　教室に広場を　目次

第1章　教室に広場を

1　中井久夫氏の願う「子ども警察」「子ども裁判」

精神科医・中井久夫氏は、次のようなことを書いていました。

ある少女が長い間わたくしのところに通っていて、一年近くになった時、いじめられていることをやっと話してくれました。

「そうだねえ、学校には交番もないし裁判所もないし、言っていくところないよねえ。それが一番つらいことだったかもねえ」とわたくしはその時、真っ先に浮かんだことを言葉にしました。

それはわたくし自身の経験でもありました。校庭の中には交番もなくお巡りさんもいない。先生はおられるけど、なぜか訴え出る相手ではないという気持ちがありました。

（中井久夫『いじめのある世界に生きる君たちへ』中央公論新社、二〇一六年）

ここにはとても大事なことが書かれています。この本に書かれていることは、「いじめの政治学」として書かれた論稿をやさしく書きかえたものですが、そこでは、次のように書かれていました。

なるほど、子どもの世界には法の適用が猶予されている。しかし、それを裏返せば無法地帯だということである。子どもを守ってくれる「子ども警察」も、訴え出ることのできる「子ども裁判所」もない。子どもの世界は成人の世界に比べてはるかにむきだしの、そうして出口なしの暴力社会だという一面を持っている。

（同「いじめの政治学」『アリアドネからの糸』みすず書房、一九九七年、18頁）

中井氏の「いじめの政治学」が大変なリアリティを持って読者に受け入れられてきたのは、それが彼の戦時中のいじめられ体験に基づくものだったからです。彼は軍国主義下の小権力者たちが、権力を持たない者たちの尊厳をとことん踏みにじっていた過程を、現代の「いじめ」の過程にも見出して、その過程が「指標化」「孤立化」「無力化」「透明化」というプロセスを踏んで進んでゆくことを、誰にもわかるように解析していました。それは読む人を戦慄させずにはいられない分析で、彼が「奴隷化のプロセス」と呼んだことがぴったりだと思える読後体験になるものでした。

そして、このプロセスに立ち向かえる方向として、次の二つがあればいいのにということを提示されていました。

①子どもを守ってくれる「子ども警察」

②訴え出ることのできる「子ども裁判所」

でもなぜか、中井氏はこの二つの願いに対して、何かアイディアを出す試みはとうとうされませんでした。どんな対策も、ほぼ現実味がないように思われていたからです。その大きな理由は、彼にとって「子どもの世界には法の適用が猶予されている」ということと、そこが「無法地帯」であるという認識が、くつがえしようのない現実として見られていたからです。でも中井氏はよくわかっていたのです。この二つの願いは、とても大事なもので、むしろこの**二つの方向にしかいじめの現実的な対策はない**のだということについて。しかしそれでも彼は、その方向にとってのアイディアを出すことはできなかったのです。私の論は、**この二つの願いを実際に実現するにはどうしたらいいのか**を考えようとしたものです。

映画『コルチャック先生』と『NHKスペシャル　少年法廷』

この二つの方向については、中井氏が「いじめの政治学」（一九九七年）を書いていた頃、すでに世界では動いていました。本ではなく視覚を通してこの二つの方向を訴えていたものに、次の映画とテレビの放映がありました。
映画『コルチャック先生』アンジェイ・ワイダ監督一九九〇年（一九九一年日本公開）
『ＮＨＫスペシャル　少年法廷』（一九九八年三月十五日放映）
前者の映画で描かれたコルチャック（一八七八－一九四二）氏は、のちの「児童権利条約」の創設に関わった人として有名ですが、この映画の中では子どもたちでつくる「子どもの裁判」の実践者として描かれています。事実、この映画を当時見たときは、チョコレートを盗った子どもを子どもたちが裁く、その「子ども裁判」が大変印象に残ったものでした。不思議な、あり得ない出来事のようにも見えたからです。
「子ども裁判」そのものは、コルチャック氏が始めたものではなく、彼が若い頃参加した夏期休暇村で実践されていたものを体験し、それに共感を覚えたところから始まっていました。その後小児科の医師になったコルチャック氏は、孤児の家つくりを任されたとき、このときに体験していた「子ども裁判」を導入しようと試みたのです。
コルチャックは《子供のことは専門家に聞け》と述べている。《子供は一〇〇の仮面をもち、一〇〇人の名優の役をこなし、大人を騙してしまうからだ》。
しかし子供は子供を騙し通すことはできない。子供の専門家は子供だから。彼は夏期休暇村での体験から学んだ「子供の裁判」を採り入れ、子供たち自身によるホームの運営を試みた。この二つの「ホーム」で子供たちが共同生活を送るのに、一番大切なことは何か。コルチャックはその大きな柱として、三つのことを考えた。それは、子供たち自身による「子供の議会」と、今述べた「子供の裁判」と「子供の法典」である。さらに、子供たちが、間違いを起こした子や、問題があるといわれる子を自分たちで助けて、立ち直らせていく指導委員会というものを考えた。

（近藤二郎『コルチャック先生』平凡社ライブラリー、二〇〇五年、111頁）

コルチャック氏自身「子供裁判」に、多いときには半年に五回も裁判にかけられたと近藤氏の本では報告されています。コルチャック氏もかなり「いけないこと」をしていたんだなあと思いながら、ホッとさせられる報告でもありました。

さらに一九八三年頃からアメリカのテキサスではじまっていた、10歳から18歳の少年少女たちによって開かれる「少年法廷（ティーン・コート）」の記録を一九九八年にＮＨＫが『ＮＨＫスペシャル　少年法廷』として放映しました。この二つの映像は、中井久夫氏が、そうあって欲しいと願っていた二つの方向が、すでに始まっていたことを示しています。

でも二つの方向は、映像によってわかりやすく伝えられていたにもかかわらず、日本では有効な方向としては受けとられていきませんでした。「裁判」という言葉が、日本の教育界では、馴染まなかったからです。

事実この『NHKスペシャル　少年法廷』を受けて、実際に「少年法廷（ティーン・コート）」の開かれているケンタッキー州、カリフォニア州、ネバダ州に視察して紹介した本（山口直也編『ティーン・コート―少年が少年を立ち直らせる裁判』現代人文社、一九九九年）もいち早く出版されました。また当時中学の教員だった平墳雅弘氏が、自分のクラスで「クラス審判」を立ち上げ、のちに「子ども裁判」と言い換えながら長く有効な実践をされてゆくことになりました（『生徒が生徒を指導するシステム』二〇〇三年、『日本初「子ども裁判」の実践』二〇〇九年、『こどもが解決！　クラスのもめごと』二〇一四年）。にもかかわらず、平墳氏の実践は、多くの教員の共有されるものにはならず、むしろ校長や教育委員会の反感を買い、学校を異動させられたりしていました。

学校の進むべき方向、いじめの対策の方向としては、こういう方向が最も現実的なものなのに、日本の教育界は、こういう方向を認めることはできなかったのです。なぜなのか。一つは、すでに触れたように、その方向が「裁判」という表現で示されていたからです。そして中井氏の求めていた、もう一つの「子ども警察」という言い方も、そこに「警察」という表現が使われることで、学校では受け入れられないものでした。「裁判」も「警察」も、ともに学校教育にはなじまない、ふさわしくない表記だったのです。

「法の人」を育てる

ではどうすれば中井久夫氏の、これしかないと思われる二つの方向が実現できるのか。わたしはその方向は必ず「ある」と思ってきました。でも「ある」という方向には、一つの考え方が前提になります。それは子どもたちを、単なる子どもとしてみるのではなく、**「法の人」になるように育てるという視点とともに考え直す**ということです。つまり、**「法の世界」と接点を持つ世界にいる子どもとして受けとめるという視点の再認識**です。

この視点は、中井氏の指摘される「子どもの世界には法の適用が猶予されている」「そこが無法地帯である」という思いとははっきりと対立します。むしろ、そういう思いがあるから、きちんと対策のアイディアを出すことができてこなかったのではないかとすら私は思っています。

子どもたちの大きな苦しみの中には、実は「法の世界」とのかかわりで起こっていることがたくさんあったのです。にもかかわらず、そういう苦しみを、子どもが個人的に作り出す**「子どもの心理」や「子どもの情緒」の問題のようにみなして、**「法の人になる」ところで生じる問題として捉えてこなかった学校や心理学、精神医学に問題があったように思われます。

とくに、「教育の世界」と「法の世界」が、水と油のようにみなされる時代が長く続いてきました。「学校に国家権力を入れるな!」というスローガンが大手を振っていた一九六〇年七〇年代の時代があり、学校自体が大きな権力機構であったにもかかわらず、**教育と法の関わりを、教育者**

はきちんと受けとめることをしてこなかった時代がありました。もし「教育の世界」が「法の世界」と共生していれば、「自死」を選ばなくて済んだ子どもたちもたくさんいたはずです。「教育」と「法」が連動しないばかりに、そのはざまで、本当にたくさんの子どもたちが「自死」を選んでいったのではないかと悔やまれます。**彼らが「法の人」として育てられていれば、多くの子どもはそういう理不尽な状況に立ち向かっていけた**のにと。

私の思いととても近いところにいる家裁調査官の藤川洋子氏が、私が「13歳」の見直しを論じていた頃に、ほぼ同じようなことを主張されていたことを次に紹介しておきます。

刑法は、第四十一条で、「一四歳に満たない者の行為は罰しない」と定めている。

家裁調査官として、非行を犯した少年に会うとき、私は一四歳になったことの意味から話し出すことが多い。

「一四歳を過ぎたあなたについて、法律はやってよいことと悪いことの区別は当然ついているはず、と考えます」

と始める。続けて、その少年が犯した非行について、どの時点で何をどう判断したのかを、その心理的背景とともにかなり厳しく問いただす。少年は追い詰められて、黙るしかなくなったり、ふてくされた顔つきになる。（略）

考えれば、答えを自分で見つけることができる、それが一四歳という年齢であるはずだ。

しかし、そういうやりとりのなかで驚くのは、「一四歳」が子ども扱いをされ過ぎていることである。

たしかに大人にとっては、いくつになっても子ども扱いをするほうが楽ではある。「頭ごなし」や「おだて」で子どもを操作しておれば、対話の手間が省ける。が、大人との対話の経験のない子どもに、「思考力」が育つだろうか。自分を掘り下げることができるだろうか。

家庭裁判所に初めてやって来た「一四歳」は、ろくに考えを深めようともせず、足元もおぼつかない幼稚な子どものふりをして、大人たちの処断に身を任せる。

面接のあと、たいていの親は、

「一四歳がそんなに重要な年齢だということを知りませんでした。肝に銘じます」

とピリッとしてくれるが、肝心の「一四歳」はどうだか……。

私に提言が許されるなら、「一四歳の責任」に焦点を当てた教育が、一三歳までに広く必要であると言いたい。予告もなしに、いきなり「あなたに刑事責任がある」というのは、どう考えてもフェアじゃない。

（藤川洋子『わたしは家裁調査官』日本評論社、一九九六年）

「広場」つくりの提案

「いじめ」の本を書くにあたって、対策の示せない論なら書く必要はないし、さらに対策があっても最後の最後にちょっと示すようなものなら、いらないと思いました。対策があるのなら最初にどんと持って来るべきだと。それは藤川氏の実感されていた「私に提言が許されるなら、『一四歳の責任』に焦点を当てた教育が、一三歳までに広く必要であると言いたい。」という一言に直接に対応する対策案であるべきです。それが次節から説明する「広場」つくりの提案です。

勘違いをされてはいけないので先に言うのですが（そして後にも触れるのですが）、こうした「教育」と「法」の分離を憂慮して、すでに文科省が、二〇〇七年の学習指導要領に「法教育」というのを入れているのではないか、と思われる方がおられるかも知れません、が、それはちょっと違います。この本で訴える「法の人」になる子どもを育てるという考え方は、**文科省が指導しようとしている「法教育」とは、同じではない**のです。それはどういうことかということは、本文を見ていただけるとわかってもらえると思いますが、「法律の知識」を勉強したり、「人権」のことを「知識」と勉強したりすることを想定しているわけではないからです。**「法の人」をつくるというのは、「公の場（広場）」で自分の気持ちを訴えることのできる子どもを育てる**ことを目標にしているからです。それは「一人」で行なうものではありません。「公の場」で行なうものですから、「公の場」を準備し、運営する者たちと共にあるものです。ですのでそういう**「公の場」をつくり維持する者たちも同時に育たなくてはなりません**。そういう共同の作業を通して、「公の人」として成長することが、「広場」つくりの最も大きな狙いなので、そこは「法教育」と違うところです。

もう一つ大事なことを先に述べておきます。それはいじめのプロセスを中井氏が「奴隷化の過程」（前掲書9頁）と呼んだことに関わります。実際の「奴隷売買」が行なわれた時代は、人類が抱えてきた最も卑劣な時代でした。でもこの「奴隷化」の脱却を目指して、人々の長い闘争の歴史があり、そこからの脱却の歴史がありました。いったい「奴隷」と呼ばれていた人たちは、どうやってそういう現実と戦うことができていったのか。それは**自分たちが「法の人」であるという自覚を持つことから**でした。そして、実際にも**自分たちを「法の人」として立ち上げてゆく過程をもったから**でした。

いじめの対策は、子どもたちが「法の人」として育つことともに考えるべきだと思うのは、人類が身分制度を越えて「法の人」として立ち上げてきた苦悩の歴史に似たような側面があると感じるからです。中井氏がいじめの過程をいみじくも「奴隷化」と呼ばれたのは、決して比喩などではなかったのです。いじめの対策が、いつまでたってもうまくいかないのは、**そこにある困難な道が、人類史的な課題を背負ったもの**としてあったからだと私は思います。それだけの視野をもって取り組まないと、本当の意味での対策にはならないのです。

2　教室に「広場」をつくる

「公共の目」の導入

教室には「広場」が必要です。**教室に広場をつくることを提案します**。「広場」とは「みんなに見える場」で、「公共の場」という意味です。「みんなに見える場」といっても、すでに「教室」はみんなの見ている場ではないのかと思われるかもしれません。が、そんなことはありません。「みんな」に見えないところがあるから「教室」では、陰湿ないじめが起こったりするのです。

もともと子どもたちは「大人」のいないところで遊ぶものですから、「大人」に見えない所にいることがあってもいいのです。しかし「子どもの世界」だからといって「大人の世界」と無縁でいいとはいえません。大事なところで、しっかりと「大人の世界」とつながっていないといけないのです。いじめが大きな社会問題になってきた時に、**先生にいじめが見えていない**ということが大きな問題になりました。そこから学校に「ソーシャルワーカー」のような人が派遣され、絶えず校内を見回り、教室や廊下の隅々まで、普段先生たちの目の行き届かないところがないように監視の指導がはじめられたりもしました。

しかし、そういう施策は「見えない」ということを勘違いしています。**「見えない」というのは、**

そういうふうに「見回り」を強化して見えるというものではないのです。もし「見回りの人」が風邪で休んだり、長期休暇を取ればどうなるのか。そのときは「見えない」ことになるでしょう。そういう物理的な「監視の目」に頼らないと「見えない」ことがなくならないというのでは、本当の意味で「見えない」ところを「見る」ことにはならないのです。

ここで「広場」つくりとして提出するのは、一人の大人の「見回り人」に「見る」ことを託するのではなく、**生徒「みんな」が教室を見るように工夫をする**という提案です。ということはその「みんな」というのは「クラスのみんな」という意味でもないことがわかります。その**「みんな」というのは、「子どもの世界」と「大人の世界」をつなぐ通路の中にある**もので、そこを通って「大人」たちの「目」が教室にも入ってくるという意味での「みんな」です。それが**「公共の目」**です。電車の中で、お菓子を食べようとしたら、周りの人の目が気になります。周りに大人がいたら、その目は気になるのです。

でもその電車の車両が修学旅行などで貸し切りになり、その車両が「子どもだけの世界」になると、わいわいがやがや、「大人の目」を気にせず好きなことができることになります。これがいままでの「教室」の状況です。でも、電車には「通路」があって、隣の車両から「車掌さん」がやってきて、わいわいがやがやが注意されると、子どもたちは静かにするでしょう。でも一人の車掌さんだけでは、その子どもだけの車両を「見る」ことができません。だから子どもたち同士で注意し合えばいいのですが、それができずに困った時は、子どもの車両から、自分たちからですすんで大人の車両に出かけていったり、自分たちで必要な大人を、自分たちの車両に連れてきたりするようなことが出来ていればいいことになります。**必要な時にはいつでも「大人の目」の介添えがあること。これが教室への「公共の目」の導入**です。これは特定の大人の目（ソーシャルワーカーなどの目）に頼るものではなく、必要があれば自分たちで、「大人の世界」とつながっていることを意識している子どもたちの「目」のことなのです。そういう目を「公共の目」とここでは呼んでいるのです。

でもふだん子どもたちは、「大人の世界」「大人の目」と無縁のところで遊んでいて、それはそれでよいわけですし、そうでなくては面白くありません。でも、「ひどく困った時」、それを訴えることができ、それが「みんなの目」に触れることで解決されてゆくなら、「ひどく困ったこと」が「もっとひどく困ったこと」にならずにすむでしょう。そのためには教室に「公共の目」が入るスペースをつくらなければなりません。それが、「公共の場」つまり「広場」つくりなのです。「広場」とは、だから「みんなに見える広場」のことです。教室に「広場」を開くということは、「みんなに見える広場」を教室に開くということです。なので、その「広場」に持ち出されたことで、「教室のみんな」がこれはひどいということになれば、「大人の世界」にそれを訴えることもできるようになります。従来なら、そこで「先生に訴える」ということになるのでしょうが、そういうことは今までさんざんなされてきたことで、でも先生に相談したことでよけいに「みんな」との関係が悪くなったりして、先生に言うのだけは避けるようになっていたと思います。**先生が「公の**

目」として動かずに「学校の目」にとどまっていることがあまりにも多かったからです。

でも「広場」は違います。もっと「外の世界」につながっているので、「お金」を脅し盗られたというようなことが起これば、「警察」に言うかどうかも「広場」で決めることができるようになるのです。そういう「広場」が成立するには、**子どもたちが一人一人「公の場」で「話す」ことができるように**ならなければなりません。でもこれが、簡単なように見えて、実はとても難しいことなのです。そのとても難しいことを実現させようとするのが、この「広場」です。そしてこの難しいことを体験するなかでしか「公共の人」は育たないのだということをここで訴えようとしているのです。

3　10歳のクラスから「広場」を——「公共の世界」に道を付ける

「広場」は「10歳」の教室からつくられます

「広場」の具体的なイメージの一つはお伝えしておいたほうがいいでしょう。それは後に触れるように「裁判」の場ではありません。あくまで「公共空間」における「話し合いの場」です。具体的に、机の並ぶ教室に、そういう「公共空間」をどういうふうにデザインすればいいのかは、知恵を持ち寄らなくてはなりませんが、**「別室での相談」「別室でのカウンセリング」のようなイメージか**

ら抜け出すための空間です。

一つ有力なイメージは、「オープン・カフェ」のようなイメージです。カフェというから、お茶が出るのかと思われます（私は出てもいいと思っています）が、悩みを訴える人と、訴えられる人と、それを仲介する人が、共に「話し」をする、そういう、客人と世話人の「もてなしの空間」として考えるものです。「遠く」から来た人をもてなす場、「遠く」から来た人の出会いの場、それを演出するのが、この「広場」であるというように。

大事なことは、その「広場」での「おもてなし」が、何に向けての「もてなし」になっているのかということです。それは「客人」と「世話人」が、そこで共に「公の人」に育ってゆくための「もてなし」なのです。「広場」は教室の中に、「公共の場」としてデザインされるものですから、当然、まわりでそれを「見る」ことはできます。お寺の境内で、赤い絨毯が引かれ、その一画で「茶の湯」が行なわれると、回りでそれを見ることができるように。

では「広場」では何をするのか。そこでは生徒たちが、ふだん「困っていること」を持ち込み、それに対して、生徒たち自身が、「公人」としての「世話」をする道を示します。図で示せば次頁のようになるでしょうか。そんなことが、10歳のクラスからできるのかと言われそうですが、それはできます。そこのところは丁寧にお話ししなくてはなりません。

「広場」は特別な場所です。「広場」を開くべきかどうかは、「みんな」で決めます。いったん開くと決めれば、「みんな」はそこで決まったことを守る誓いを立てる必要があります。「宣言」です。「宣言」とはただの誓いではありません。「広場」つくりの精神、「広場」憲章にのっとってはじめられるものだからです。「広場」で決まったことが守られないことがあれば、「通路」を通して「親」ー「警察」ー「裁判所」と訴えられてもいいことを自分たちで同意する場になっています。もちろんだから、だれかが勝手に決めて、通路から「外」へ持ち出すことはありません。みんなの「同意」、本人も含めたみんなで決めることによって、そうなる場合も出てくるのです（「みんな」が不当な合意をする場合は、「ひとり」で「外」に訴えられることも「同意」しておきましょう）。

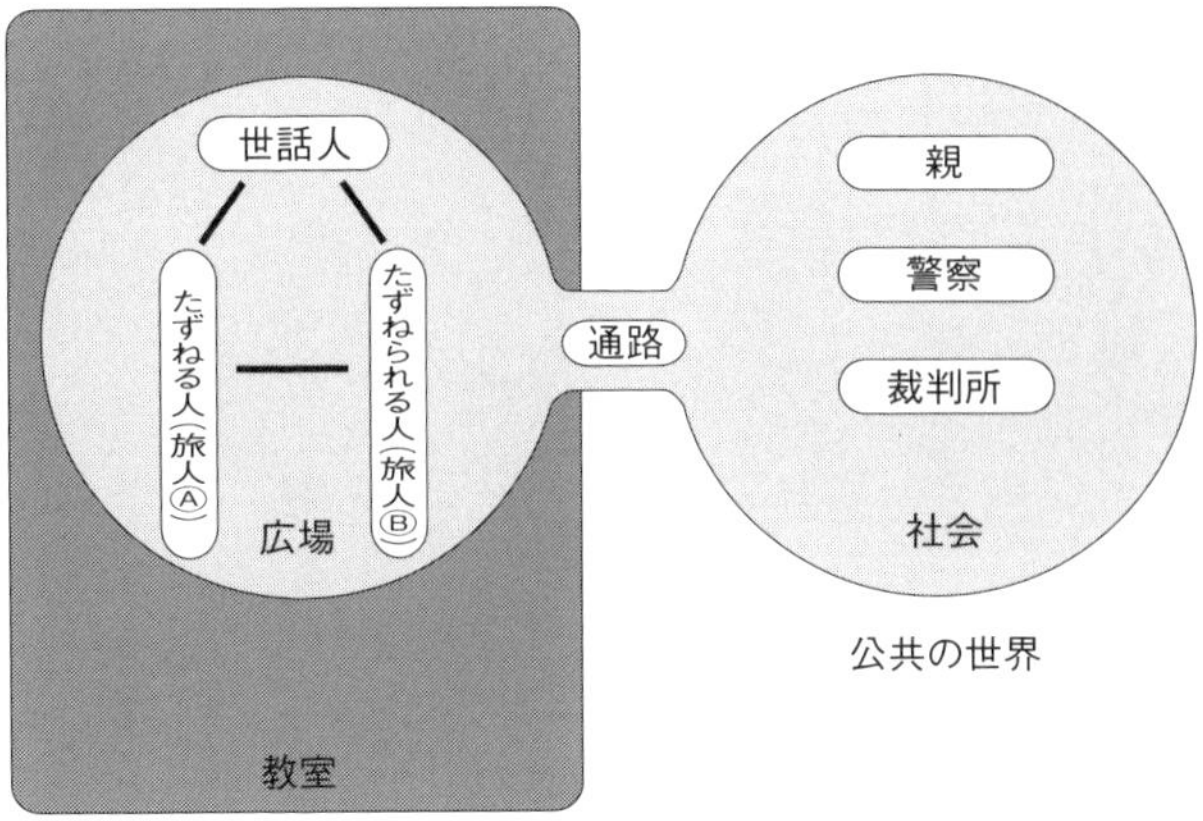

　ここで「訴える人」をあえて「旅人」と呼んでいます。別に他の呼び方でもいいのです。でもここであえて「旅人」と呼んでいるのは、あとでもう少し詳しく説明しているように、クラスに集まっている子どもたち一人一人が、みんな「遠くからきている」ことを教師側がよく知っておいてもらいたいためなのです。ひとりひとりの子どもたちが「遠くから来ている」と見ることはとても大事なことな

のです。「遠く」からきているので、育ちの体験が違い、感受性が違っています。そういう「旅人」が教室で出会うと、さまざまな軋轢が生じます。詳しいことはあとで触れましょう。

ところで学級には、「クラス会」というものがあります。その**「クラス会」と「広場」は**違うのかということです。**明らかに、違います。**「クラス会」というのは、学校が必要と決めたことを話し合う会です。話すテーマは、学校が決めています。でも「広場」は、違います。「広場」は、生徒自身が「訴えたこと」を自分たちで「解決」するために開かれるものだからです。「広場」は、生と違って、広場には「訴える者」と「訴えられる者」が出てきます。そしてそこに「世話」が働きます。「クラス会」と「広場」の決定的に違うところは、「広場」で合意されたことが守られなければ、**「学校の外」に「訴える」力を広場がもっている**ということです。

もちろん、この「訴えごと」の範囲は広いです。「訴えられる人」も、クラスの生徒から先生も入ります。それから親も、地域で子どもに関わる人たち（塾やクラブや登校下校の見守りなどの関係者）も入ります。

生徒同士では、たとえば「鉛筆を何本も貸したのに返してくれない」「教科書に落書きされた」「嫌がらせをされた」「仲間はずれにされた」「誰々と付き合っているといいふらされた」「給食がおいしくない」などなど、些細なことから深刻な訴えまでいろいろです。

先生については、「算数の授業がよくわからない」「授業中大声でどなる」「頭を叩くときがある」「ひいきしている子がいる」「体育のときに、ふざけて体をさわりにくる」などなどいろいろです。

親に対しては、「がんばっているのに褒めてくれない」「小言ばかりいわれる」「マンガを読ませてくれない」「気に入らないとすぐ叩いたりする」などなど。

塾の教師やクラブの指導員、登校下校時の見守りの人に対しても、セクハラ、パワハラまがいのことが起こり、誰にも言えず泣き寝入りしていることがあると思います。それらも「広場」では訴えてもいいのです。

こういうふうに書くと、「訴え」は、どういうふうに集めるのか、先生は広場の中のどこにいるのか、家庭の事情まで子どもたちに取り扱うことができるのか、いろいろと疑問が出てくると思います。たくさん「訴え」が集まれば、誰がなにをどこで選ぶのか、一体誰に「世話」などという大役をしてもらうのか、難しい「訴え」をどうやって「解決」に導くのか、「世話」のマニュアルなどがあるのか……などなど、気になることはいっぱい出てきます。うまく「世話」ができなかったら「広場」はどうなってしまうのか……。

しかし心配はあるでしょうが、子どもたちの知恵の出し合い、公共の采配を発揮する力を信じることが必要です。子どもたちには、自ら出した課題を「失敗」や「間違い」をしながらも自分たちで解決してゆく力は備わっているのですから。

教師の問題

ただし「広場」の開催と維持について、大事なことがあります。それは立ち会う**先生の認識の中**

に、**子どもたちを「公の人」「公共の人」として育てるという強い意志があるのかどうか**ということです。それがあれば、広場は実現可能ですし、持続してゆきます。その「公共の人」として育てるということは、同時に「法の人」として育てることでもあります。それは将来、さまざまな場面で、困ったときに「泣き寝入り」をしないで、きちんと声を出して訴えてゆくことのできる人を育てるということです。それを「法の人」として育つとここでは表現しているのです。

ということは、**「広場」の実現は、子どもたちを「公の人」「法の人」として育てるだけではなく、先生方自身が、自分を「公の人」「法の人」として育ててゆく訓練の場**にもなっているということなのです。

こんなふうに言えば「広場」をつくることは簡単なように見えますが、大事なところでとても困難なことがあるのです。それは次の章でのべるように、**「訴える」ということが、実はとても怖くてできない**ということについてです。

4　子どもたちの力――「おきて(掟)の人」から「法の人」へ

子ども組

この章では、最後に少し、「子どもたちの力」についてふれておきましょう。**子どもたち同士で、**

物事を決めたりする力は、昔からあったことについては民俗学者・柳田國男氏や福田アジオ氏らが精力的に調べてきていました。大人の真似をしながら、「**子ども組**」と呼ばれる集団をつくり、子どもたちだけで、行事を組み立て、一人前と認められるように、精一杯努力する活動がかつては日本の各地にあったということでした。でも、学校ができ、子どもだけで何かをつくる活動を危険視し、禁止して、その力を失わせてきたと指摘されています。以下はとても大事な事柄なので、少し長いですが紹介しておきます。

子ども組は、種々の行事や作業を共同しておこなうことを通じて、他人との協力や分担という社会的行動の基本を習得する場であるが、さらに他人に教えるとか指導するということや人々を統率するということについても体験し、その方法を身につける場でもある。子ども組は、人生における最初の社会訓練の場といえる。そこには親とか教師という超越的な存在が登場し、統制したり、指導したりすることはない。その構成員は学校における児童会・生徒会あるいは地域の子ども会と似てはいるが、その運営の基本において大きく異なるといわねばならない。（114頁）

近世において、若者組は幕藩権力によって取り締まりの対象となり、その活動を規制する法令もしばしば出されている。それに対し、子ども組の活動はほとんど規制の対象とならなかった。子ども組の活動がムラ内の年中行事の分担執行に中心があり、その行動力もあまり大きくないので、活動が反権力的な性格を帯びることはないと考えられたからであろう。近世における子ども組の活動は活発であり、ムラ生活におけるその役割は相当に大きかったものと思われる。

子ども組の後退は明治に入って始まった。それは若者組の衰退よりもずっと早くから、ずっと強い圧力によって始まった。そのため、子ども組の姿は急速に消えていったのである。学校制度の全国的確立はその画一性において個別地域の子どもたちの独自の生活体系を壊した。学校は子どもたちの校外における集団的活動を良くないものとみなし、それを規制し抑圧して解体させるか、より「教育的」な集団に再編成しようとした。そのことは明治五年の学制頒布直後から近年にいたるまで一貫して維持されてきた。(120頁)

今日の学校や子ども会はこのような性格を継承しているであろうか。学校の秩序は、学年ごとに子どもたちを切断しており、年齢の上下の間の連帯を非常に弱いものにしているし、児童会や生徒会もそれぞれの子どもにとって間接的選挙を通じて組織化された遠い存在である。子ども会も多くが大人、特に母親たちによって指導された「良い子」の組織であり、その主体性は弱く、しかも地域との関係もそれほどない。このようなところへ、かつての子ども組のおこなった行事を再生導入しても、それは単なる形式的模倣にすぎない。伝統的行事の復活は、その執行主体としての子ども組の再登場があってはじめて意味をもつといえよう。その場合に女子を排除した子ども組であってはならないことはもちろんいうまでもない。(122頁)

福田アジオ「子ども組とムラの教育」（菅原道彦『子ども組（フォークロアの眼４）』国書刊行会、一九七七年の解説）

もちろん「子ども組」がいいことばかりに働いてきたわけではありません。子どもたちの集団は、そこに「掟」をつくることになり、その「掟」に従わない者、従えない者を、許さないように作用してきたことも確かです。この「掟」をつくる行動は、今でも10歳頃から着実に生まれて来ていて、それが、子どもたちの間で「もう一つの法」、つまり**「子ども法」として作用し始めるときが来る**のです。**その活動は「鬼ごっこ」から始まります**。そのことは第2章の8で見ておきたいと思います。

第２章　「広場」をどうつくるのか

1　「話す」のが怖い――「仕返し」からの保障を

話せる場の保障

「広場」をつくるといっても、「訴え」がなければ「広場」そのものを開くことができません。だったらみんな「訴え」をすれば良いではないかと思われるかもしれません。が、それはそう簡単にはいかないのです。「訴え」とは「話すこと」です。でもこの「話す」ことが簡単にはできないのです。簡単にできないから、「訴える」こともできない、という悪い循環が起こります。そもそも「広場」の開催の提案は、この「訴え」ができないことを解消するために考案されたものなのですが、この「話せない」ということは、「広場」つくりの最初で最後の、もっと難しい課題としてあるものだったのです。

「話し」ができないから「訴え」ができない、その一番の理由は、「仕返し」が怖いというところにあります。嫌がらせや、仲間はずれにされたとき、今までは先生に言いなさいと指導されてきたものです。でも、そんなことをすれば「先生にチクった」として、よけいに嫌がらせや仲間はずれがひどくなります。いわゆる倍返しの「仕返し」です。それが「怖い」ものですから、子どもたちは、そういうことがあっても「先生に言う」ことはしてきませんでした。そして、生徒のほうも「先生に言いつけるとどうなるかわかっているな」と脅すものですから、ますますそれができませんでした。そのために、結局、嫌がらせや仲間はずれは「見えない」ところでどんどんと進行し、誰も当てにできないところで「自死」が選ばれることにもなっていました。

「広場」の一番大事な役割は、「訴える」こと、つまり「話す」ことをしっかりと守るところにあります。それは**「仕返し」をする者への厳しすぎるほどのペナルティを課す仕組み**を「広場」でつくれているかによります。

以前、暴力団に店の売り上げの一部を渡すことに対して、商店街で一致して反対する運動を起こしたことがありました。それまで、そういうことがなぜできなかったのかというと「仕返し」が怖かったからです。しかし、法律で、そういう「仕返し」が見つかれば、さらに重い罪で逮捕されることが決められてから、「仕返し」ができなくなりました。

そういう「法」が教室にはないものですから、「チクれば倍の仕返し」をという、加害者の身勝手なルールが大手を振って通用されていたのです。「広場」の開設は、その「仕返し」を断固許さないという強い合意の下で開かれます。

もしその約束を守らずに、隠れてこそこそ「仕返し」に動いた生徒がいたとしたら、今度はそのことでその生徒が訴えられます。そのときには、その「事実」が「教室」の「外」にも見えるように持ち出されることになります。その結果「広場」に「親」が出てきてもらい事情を「話し」することになります。それでも収まらなければ「警察」に訴えることになるでしょう。

この仕組みが、クラス「みんな」の中でしっかりと合意され、前提になっていないと、「訴える」ということ、「話し」をするということが、うまくゆかないのです。そういう「仕返し」がないということとの「安心感」「安全感」がないと「話し」はできないのです。「話し」をするということは、それだけデリケートで、繊細で、「守られる」中ではじめて実現できてゆくことなのですから。

2 「広場」・深くたずねる思想——ここは「裁判」をする場ではない

「話し」をする場として

すでに「広場」の図を示し「世話人」「たずねる人A」「たずねられる人B」という三者の姿を描

きましたが（27頁）、それは「広場」の基本の性格を知ってもらうためでした。この図だけを見る人は、「広場」で「子ども裁判」をするのかと思われたかもしれません。「広場」での出来事が「外」に通じているということでいえば、そこで行なわれることは「公の話し」であることは間違いありません。でも一般に思われている「裁判」を想定しているわけではありません。先に述べたような「10代法廷」や「クラス裁判」のようなものを想定しているわけではないのです。

10歳からはじめる「広場」つくりに、難しい「裁判」を要求すること自体、間違っているからです。「広場」で最も大事なことは「話し」をするということです。でもそれは「おしゃべり」ではありません。「訴えたいこと」を「話し」するということなのです。「おしゃべり」ではない「話し」とは何か。それは「たずねる」というふうに「話す」ことです。

「たずねる人A」というのは、なぜそういうことをするのかと「たずねている」のです。**「たずねられる人B」というのは、なぜそういうことをするのかと「たずねられている」**のです。そして**「世話人」**とは、さらに**二人に、なぜその訴えをしたのか、なぜそんな訴えられるようなことをしたのかと、**さらに**何度も問いかけることをする人**です。「世話人」は、「確かめる人」といってもいいでしょう。実際には「深くたずねる人」と言われてもいいのです。

たずねられ、問いかけられて、関係者は自分の言葉でその「理由」を「話す」ことになります。そのお互いの理由を聞いて、お互いの気持ちがわかり、訴えられた人が自分に悪いところがあったということになり、その謝罪を受け入れることができれば、訴えたほうは「許す」気持ちになり、二人は握手をして「和解」して終わります。

「広場」でするのはそういうことなのです。ここで、訴えられた人が、自分のしたことを「悪いことをした」とは思わずに、「謝ればいいんでしょ、謝れば」といって、いい加減な、口先の謝り方をするなら、それは「謝った」と見なされません。だからといって本当に謝るまで「広場」を続けるのかというと、そういうことはいたしません。

訴えられた人には、その訴えに納得しないことがあるわけで、自分のしたことの正当性をどこかで感じているのです。ですからすんなりとは謝れないのです。そういう感性も大事にされなくてはなりません。そこで出番なのが「世話人」です。

ここでの「世話」は、すんなりと自分の非を認めない人の、**その理由を何度もたずねる**ことです。何度もたずねて、何度もその理由を当人が「話し」しているうちに、少しずつ当人にも、まわりの人にも、わかってきたり、見えてきたりすることが起こり始めます。そういうことを、訴える者、訴えられる者、双方がしっかり感じることが大事です。

なので、そこで訴えたほうにもたずねてみることがとても必要です。相手の「話し」を聞いてどうですか、とたずねなくてはなりません。お互いに相手の気持ちがわかったということになれば、どちらかが一方的に謝るのではなく、お互いにお互いのことがよくわかっていなかったということで、双方で謝って「和解」しませんかと「世話人」は持ちかけます。それで、合意できれば二人は握手して終わります。それで「広場」の閉会です。

「許し」と「和解」

ここで大事なことは、**投げやりで謝ったり、強引に非を認めさせたりしないということです。**自分は何でもないと思ってしていたことで、相手がものすごく傷ついていたことも、相手の「話し」からわかってきます。お互いに「話し」をしてみなければ、とうていわからなかったことがたくさんあるものです。その理解を踏まえて、「世話人」は二人に、自分たちはどうしてほしいのかをたずねます。ここが大事なところです。最後は、**自分たちの処遇を自分たちで決めてもらう**のです。

しっかりと「話し」のできた二人なら、無理なことをお互いに言い合うことはしないでしょう。「終わり」に向けての基本の形は、二人の間に納得できるような「謝り方」がされることと、それを踏まえた「許し」と「和解」をすることです。「結果」は当事者たちが「選択」するもので「世話人」が一方的に「宣告」するものではありません。

「広場」の狙いは、誰かを罰したりすることにあるわけではありません。「話し」をしないとわからないことがあることを、当事者同士がたずねあって、その理由を話し合って、そこから見えてきたものを土台にして、お互いの気持ちを「和解」させる体験をすることなのです。

3　「広場」での出会い――「遠くから来る人」が出会う～誤解や偏見や勘違いを双方から正す

一人一人の感受性

クラスには、確かに人の嫌がることや困るようなことを平気でする人がいます。それだけを取り上げると、なんてひどいことをする人がいるのだと思いがちです。でも、クラスに集まる子どもたちの家族環境、生い立ちや育てられ方は、みんなバラバラで、それまでに培われた感受性もそれぞれに違います。育った環境によってやさしい振る舞いをする子もおれば、粗暴な振る舞い、乱暴な言葉遣いをする子もいます。そういう意味で言えば、クラスに集まる子どもたちは、みんなずいぶん「遠くから来ている」のだと言えるのです。「遠く」で育てられた感受性を抱えて、クラスに集まっているわけで、その一人一人の感受性の違いを軽く見積もってはいけません。

そんな「遠く」で育った感受性がぶつかれば、相手の感受性が「変なもの」に感じられることはたくさんあるものです。そしてときには、それをからかったり、悪ふざけをしたり、否定したりすることも出てきます。ただ、そういう行動に出る理由は、**その子を「悪者」にするだけでは、見えてきません**。なんでそういうことをしたのか、理由を丁寧に聞かないとわからないからです。でも、悪いことをしたことだけが注意され、そういう理由を「話す」機会を与えられていない子どもたちがたくさんいるのです。

大事なことは、「悪さ」をする子どもの中には、**何かはっきり説明できる理由があって、人の嫌がることをしているわけではない場合がたくさんあるということです**。理由らしきものを「話し」し合う中で、はじめて自分のしたことで誰かが「嫌がっている」ことがわかる場合もたくさんあるからです。

「広場」の出番

私たちは、子どもたちの「こころ」が、何かしら「一つのかたまり」のようにしてその子の中に「ある」と思いがちです。覗いたらそれが見えるかのように。でも、**子どもたちの心は、「一つのかたまり」としてあるのではなく、いつも常に「周りの人たちとの関係」の中でつくられ、動いているもの**です。周りからやさしくされれば、やさしい反応をするし、乱暴にされれば、乱暴な反応をみせるものだからです。

そして悪いことに、子どもたちの「こころ」は、そのときどきの「うわさ」にも、とても左右されやすくできています。誰かのするちょっとした話を、そのまま信じることも多々あります。陰口や悪口、うわさ話、誤解は、日常茶飯事に飛び交います。でもそれは、時間とともに「修正」されてゆくのですが、うわさが固定化されることもでてきます。そして、その「うわさ」に基づいた「いじめ」も起こります。

そこで「広場」の出番です。「世話人」はそこでたずねます。それぞれの「言い分」は、「うわさ」に基づいていないかどうかについて。つまり「事実」に基づくものかどうか、お互いの言い分をたずねながら**「確かめる」作業をする**ことになります。すると、お互いが「話し」をすることによって、「うわさ」に基づいてそういうことをしていたかどうか、自分たちで確認することができてゆきます。

私たちは、子どもに限らず、**もめ事を起こす相手とは、しばしば相手への勝手な思い込み、うわさ話を信じていることから起こることがあるもの**です。「話し」をすれば誤解は解けるのに、かたくなに「話し」をするのを避けたり、拒んだりしていることがあります。そのことによって、関係を余計にこじらせていることが。しかし「話し」をして、誤解を解くように何度もたずね返してゆけば、相手を勘違いしていたことにも気がつくことができてゆきます。

「広場」は、そういう相手の誤解を解くための訓練の場でもあるのです。**「うわさ」を正す、「言い過ぎ」や「やり過ぎ」を正す**、それは「話し」をすることによってしか体験されないものなのです。

4　自分の中の「三者」を育てる――「たずねる人」「たずねられる人」「深くたずねる人」

情報の交差点

わたしたちは、決して聖人君子ではありません。だれもが「デマ」や「うわさ」におどらされ、それを面白がったり、さらにそれに尾ひれを付けて、言いふらしたりしてしまうものです。そういうニセの情報に取り巻かれ、自らもそういうものを作り出して生きているところがあるものですから、そういうところにいる者として子どもたちもみてあげなくてはいけません。そういう「情報の交差点」にいること自体を悪く考えてはいけないのです。

嘘をつく子を頭から「悪い子」と決めつけてはいけません。大事なことは、嘘の情報で苦しむ子どもが出てきたら、そのことを「訴え」ることができることです。そして「訴え」が起こることで、それが「嘘」なのか「事実」であったかどうかを確かめる努力をする必要が出てきます。「事実」というのは、どこかに動かぬ山のようにしてあるものではないからです。**つまり、ある人にとって「事実」であるものが、別の人にとっての「事実」であるとは限らない**のです。

A子さんにとってX先生が「やさしい先生」であることが「事実」であるとしても、B男くんにとってはX先生は「嫌な先生」という「事実」があるかもしれません。どちらが「事実」か、ということを決めることはできません。それらの「事実」は、授業中のX先生が、A子さん、B男くんへのちょっとした声かけや対応の違いから、感じ取られていたことだからです。A子さんとB男くんはお互いに異なる「事実」を感じていて、どちらも自分の知っていることこそが「事実」だと思っているのですが、でもお互いが、「話し」をしてゆけば、何に基づいてそういう「事実」が生まれてきていたのか、ふとわかるときがくるものです。そうか、そういう理由で、わたしが「やさしい」と感じていたX先生を、B男くんは「嫌な先生」だと思っていたのかと。

事実は一つとよく言われますが、そんなことはないのです。科学にとっての「事実」は、誰が検証してもそうなる「一つの事実」でできているのでしょうが、わたしたちの「心」にとっての「事実」は、人それぞれにとって違って感じとられているものです。だからこそ「話し」をして「たずねて」みなくてはいけないのです。

「外の世界」への告発

「話し」をするというのは、だから相手と漠然と「話し」をすることではありません。自分の中に、「たずねる人」を目覚めさせ、その結果、自分の中に、「たずねる人」「たずねられる人」「深くたずねる人」の三者をめざめさせ、その「三つの自分」を育ててゆくということになるものです。そして実は、その「三つの自分」を育てる体験そのものが、自分たちを「公の人」「法の人」として育ててゆく大事な活動になっているのです。

とくにネットの時代が来てしまっていて、ネットの中では、匿名の傘をかぶり、「事実」をねじ曲げ、ニセのニュースを言いふらす、ひどい「うわさ」「中傷」「誹謗」のたぐいの情報であふれています。それの誹謗中傷はもちろん犯罪ですから、特定されれば警察での罰を受けることは、子どもたちにもあらかじめ知らせておかなくてはなりません。「広場」でもつねにそのことは確認をとってゆかなくてはなりません。ですから実際にネットで誹謗中傷されることがでてきたら、そのつど「広場」で「訴え」て、みんなに見えるようにすることが必要です。むしろ、そういう匿名の誹謗中傷こそ、正式に「外部」に訴えて、その「発信源」を突き止めることが、さらなる中傷を広げないためにも必要なときがあるものです。

大事なことは、こういう**「隠れてうわさを流す」ことは**「公の心」を目指す「広場」の精神に最も反することなので、そのつど「訴え」を起こして、公開し、**「外」への告発も辞さない**、強い意思表示を「みんな」でつくってゆく必要があるのです。

5 「広場」憲章

ここで少し「広場」憲章を紹介しておきます。「憲章」というのは大げさですが、少し改まった言い方で良い面もあるかと思われます。長い世界史の中では、人々が不公平、不平等と戦うために、時代時代に合った様々な「憲章」をつくってきたからです。

ですから、実際には10歳には10歳の「広場」憲章、12歳には12歳の「広場」憲章、14歳には14歳の「広場」憲章といったふうに、それぞれの年齢に合った、それぞれの教室に合った、それぞれの「広場」憲章がつくられていっていいと思います。

ポイントは、「広場」の一人一人が持たないといけない心構えと、みんなが一丸となって「広場」を支える心構えが、自分たちの言葉で表明できていればいいと思います。そしてその憲章が、「広場」の精神、つまり「公の人になる」ための心構えになっていればいいのです。ここでお見せするのは、10歳のクラスで掲げる「広場」憲章です。

「広場」憲章（ある教室の）

【ひとりひとりに】

1 わたしたちを子ども扱いしないで。
2 わからないことをたずねる人になろう。
3 困ったことは、みんなに見えるようにしよう。
4 広場は、「話す」ところ。でも「話す」ことはむずかしい。
5 広場は、「聞く」ところ。でも「聞く」こともむずかしい。
6 ゆるすこともあるし、ゆるされることもあるよ。

7　まちがえることもある。まちがえたことがわかるようにしよう。
8　悪口をいえば、悪口を言われるからね。

【みんなに】

9　広場では礼儀正しくしよう。乱暴にしないし、乱暴にされない。
10　自分たちのことは自分たちで解決しよう。
11　広場をみんなのプランでいっぱいにしよう。
12　しんどいこと三つ、楽しいこと六つ、休けいに一つ。
13　泣くこともあるし、怒ることもあるし、でもみんなで笑うことができないのは嫌だ。
14　教室の広場は大人の広場につながっているぞ。
15　広場の終わりは握手にしたい。

6　「広場」はじめます——ある日の光景

そうした「広場」憲章に基づき、「広場」の精神を踏まえおこなわれた、ある日の「広場」の光景を次に紹介しておきたいと思います。

広場の世話人：（上級生がしてくれる時があってもいい）

いまから「広場」をはじめます。静かにしてください。

今週にあつまった「短冊」(「訴える事」「願い事」)は、10個あります。壁にかけてありますので、見てください。今日は「世話人」で相談して、その中の一つを「広場」で取り上げることにしました。が、その前に先生への「リクエスト」も一つあります。「算数の、説明がわかりにくい」というものです。でも、これは「広場」に持ち込まなくても、先生に直接に伝えるだけでいいんじゃないかということになりましたので、お伝えしますが、先生それで良いですか。

先生:(教室の隅に座っていた先生が手を上げて)わかりました。それでいいです。気をつけます。

世話人:今日は、まりもさんが北海君に「バカ」と言われたことを取り上げます。北海君、まりもさんに「バカ」と言ったことはありませんか。

北海君:言ってねーよ、そんなこと。

世話人:「言ってねーよ」などと言わないで、言っていないなら、言っていないと普通に言ってください。広場では大人の人が見ても恥ずかしくない言葉使いでお願いします。

北海君:本当だよ。

世話人:まりもさん、北海くんは「言っていない」と言っていますが、本当に言われたんですか。

まりもさん:本当です。本当に言われました。

世話人:どんなときに、どのように、言われたんですか。

まりもさん:掃除のときに、バカと言われました。

世話人：北海君、まりもさんは、そういうふうに言っていますが。心当たりはありますか。

北海君：ウーン、そのときのことなら、思い出した。言ったかもしんない。

世話人：では、言ったんですね。

北海君：ウーン、言ったことは言ったと思うけど、ちょっと違うんだよな。

世話人：何が違うんですか。

北海君：うーんと、あの時は、よく覚えていないんだけどさ、確か、以前にまりもが、バカって言ったときがあるんだよ、先にさ。だから、そのときカチンときて、いつかバカって言い返してやろうと思っていたんだよ。

世話人：まりもさん、北海君は、以前にまりもさんがバカって言ったことがあるから、今度バカって言ったんだといっていますが、そんなことがあったんですか。

まりもさん：掃除の時間、ふざけて遊んでいるときがあって……その時注意をしたことがあったと思います。でもそんなにきつく言ったわけじゃないし……。

世話人：北海君に言ったことは事実なんですね。

まりもさん：はい、それは事実です。

北海君：ほら、みろ。先に言ったんだよな、まりもが。

世話人：ちょっと待ってください。まりもさんは、掃除のことで、北海君に注意をしたことがあると言っていますが、それは本当ですか。

北海君：ウーン。そうだな、そんなこともあったっけ。
世話人：あったっけ、ではなく、あったんですね。
北海君：はい。
世話人：そのことがあったので、別な時に、そのときのことを思い出して「バカ」と言ったという
ことなんですか。
北海君：そうだと思う。
世話人：思う……というのは、そうではないかもということですか。
北海君：よくわかんないんよ。考えてみたら、そんなふうな気がするってことだよ。
世話人：まりもさん。北海君は、そのように言っていますが、どうですか。
まりもさん：言ったことは、事実なんですから、ちゃんと謝ってほしいと思います。
世話人：北海君、まりもさんは、「バカ」と言ったことは事実なんだから、謝ってほしいと言って
いますが、どうですか。
北海君：わかった、「バカ」と言ったことは事実だからあやまります。でも、ちょっと違うんだよ
な。なにも、まりもを、「ばか」って言ったわけじゃなくて……。
まりもさん：なによ、いま事実だって認めておきながら、まだそんなことを言うの。ばかじゃない
の。
世話人：まりもさん、ばかじゃないのって、言わないでください。ここで、サポーターの人から、

あるいはフロアーの人からでもいいですから、直接に二人のやりとりを見ていた人から。何か、補足することはありませんか。

北海君のサポーターA：北海君が掃除の時ふざけていて、ぼくも一緒だから、悪かったと思います。でもあのときの、まりもの注意の仕方は、きつかったと思うよ。だから、北海君が、あとであの時のことを思い出したというのなら、わかるんだよなあ。

世話人：サポーターのAさん。ありがとうございました。北海君と、まりもさん、二人の話を聞きながら、フロアーの人もわかったと思うんですが、北海君は、まりもさんを「ばかに」にして「バカ」と言ったというよりかは、その前に掃除のときにちょっとバカにされたようなことを言われたのを思い出したので、つい「バカ」と言っていたようにも思います。そんなに悪気があって言ったのではないように思えます。現に、さっき、まりもさんも、北海君に、ばかじゃないのって、言ったように。あれも、悪気があって言った言葉じゃないと思います。そうですよね、まりもさん。

まりも：はい。そうです。でも「バカじゃないの」って言ったことは謝ります。

世話人：それでは、お互いに「たずねる」ことはできたみたいですので、お二人にそれぞれどうしてもらえば良いですか、それを言ってください。

まりも：北海君がわたしのことをバカにして言ったというんじゃなくて、その前に掃除のことがあって、まさかそんなことを覚えていて……こういうふうに言われていたなんて気がつきもしませんでした。なので、そのときの言い方で私がきつい言い方をしていたのなら謝ります。でも掃除のときに悪ふざけをするのはやめてほしいと思います。

世話人：北海君、どうですか。

北海君：まりもをバカにして言ったんじゃないことはわかってもらえてよかったです。でも、そういうふうに言ったことについては、さっき言ったように謝ります。でも、「バカ」っていうのは、いつも、使うからな。使うのはやめろってと言われるのは無理だと思うよ。

世話人：いまはそんなことを言っていませんよ。ぼくだって「バカ」という言葉をよく使いますからね。でも人を傷つけるように言われた「バカ」は気になります。でも、今回はそうではないことがわかったように思います。それでは、二人とも、仲直りはできそうですか（二人がうなずく）。では握手をして、広場を終わりにしたいと思います（二人、握手）。みなさん、ありがとうございました。

順番で「世話人」になる

こうしてみると、「世話人」がとても大事なことがわかります。そんなにうまく「世話＝仲介」のできる子どもがいるのだろうかと疑問に思われるかもしれません。確かに最初はぎこちないかもしれませんが、うまくやってゆけるものです。というのもこの「世話人」は特定の人がやるのではなく、クラスのみんなが順番にやってゆくものなのです。時には学年を越えて上級生にやってもらうこともありです。大事なことは、他の人のやり方を見ながら、まさに見よう見まねで、良いところを学びながら、良い「世話人」にみんなで育ってゆくことが必要なのです。

「公の人」になってゆくためには、この「世話人」になるという経験がとても大事なものになります。そのためにも「訴える人」になることや「訴えられる人」になることや、その両方の体験をすることが大事になります。だから、みんなの中で「話し」をすることも大事ですが、ただ「話し」をするというのではなく、「訴える人」を前にして、なんども「たずねる人」になり、「うわさ」を退け「事実」を確認しようとする体験がとても大事になるのです。

言い忘れていますが、「訴える人」「訴えられる人」には、それぞれ一人二人のサポーター（これも「広場サポーター」として正式に選出されます）がついていいと思います。自分の主張をカバーしてくれる人がいるのは心強いものですから。こうして「訴える人」「訴えられる人」の他に「サポーター」がいて、そして彼らと話を深める「世話人」がいるのが「広場」です。その役割は、クラスのみんなが順繰りに、体験してゆくものとして考えることが大事です。**一人一人が「公共の人」「法の人」に育つためには、みんながこういう役割を順番に体験してゆくことが必要**になるからです。

7 「広場」を体験した子どもが、別なところでも「広場」をつくる
——家庭科からシティズンシップ教育へ向けて

シティズンシップ教育

教室に「広場」を、という考え方はわかったとしても、いつ、どこで、開けばいいのか。ふだんは教科の授業があるので、昼休みとか、放課後の時間になるのですか、という質問が当然でてきます。そこは大事なところです。私は**家庭科の時間に「広場」を設ける**のがいいと思います。家庭科は、赤ちゃんから老人まで、人生の全般をライフステージを学ぶ教科です。民法や法律のことも学びます。そんな大きな視野を持った教科は他にありません。そして大事なことは、その家庭科が、どういう人に育って欲しいかを願ってつくられている教科でもあるというところです。その家庭科の時間に、**「公共の人として生きる」単元の授業として「広場」つくりを実践**するのがいいと思います。まさに「人づくり」を担う教科としての家庭科には、ぴったりの実践になるからです。

「広場」つくりは、そのクラスにどんな子どもが集まっているのかによって違ってきます。毎年クラスのメンバーは違うわけで、訴えの多いクラスになるときもあれば、見事な世話人が集まるクラスの時もあるでしょう。一年一年が試行錯誤だと思います。でも、「広場」つくりの試行錯誤は、

実践報告として研究会でも蓄積され共有されてゆくので、ノウハウはしだいにわかりやすいものになってゆくと思います。

当然、校長先生や教育委員会の大きな支援がなければなりません。もしその学校の置かれている市区町村が、自分たちの住む地域の「村作り、町作り」の柱として「市民性教育（シティズンシップ教育）」を掲げているなら、まさにそういう教育に連動するものとして、10歳からの「広場」づくりの実践を街ぐるみで高く評価し、支援してもらえるのではないかと思います。

このように10歳から始まる「広場」づくりで、実際にクラスで「広場」を体験した子どもが出てくると、その子どもが学年を一つ上がって、新しいクラスになり、そのクラスが「広場」を体験したことがないクラスであったとしても、おそらく、「広場」を体験してきた子どもたちが、新しいクラスにも「広場」をつくることを、きっと自分たちから提案するのではないかと思います。「公共の精神」は、「公共の精神」のないところで発揮されてゆくからです。そして、その「広場」づくりの精神は受け継がれて、中学や高校でも生かされてゆくと思います。

広場の体験は大人になっても生きる

とくに女性たちは、男優位の社会で、「思い」を「話す」機会を奪われることが多いなかで、この「広場」づくりの精神は、社会に出ても形を変えて生かされてゆくと思います。結婚して家庭を持っても、夫の発言が常に優先されるとか、姑の発言が絶対化されるとか、そういうことが起こる中で、夫婦であらためて「話し」する場が設けられたり、子どもの思っていることを両親に「話す」場を子どもたち自身がつくるということも起こりえます。それは**家の中に広場を、夫婦の間に「広場」を、親子の間に「広場」を**、ということでもあるのです。就職をしても、そこで理不尽なパワハラやセクハラ、差別が起こり、「泣き寝入り」を迫られるときが来るかもしれません。そのときには「広場」の精神を思い出して、**職場の「内緒の出来事」にしないで**「公の話」にして「不正の改め」の道を開くことができるかもしれません。子どもの頃に「広場」を体験するということは、自分の中に「公の人」「法の人」のイメージを育ててきているということですので、きっと社会に出ても、「困ったとき」にその心構えが生かせることになると思います。

8　「子ども法」の原型・「鬼ごっこ」と「じゃんけん」——「見えない法廷」へ

①鬼ごっこ、初源の法のはじまり

「子ども法」のはじまりが「鬼ごっこ」にあることを先に指摘しました。そのことの意味を、ここで少し説明しておきます。子どもたちには、自分たちで「子ども法」をつくる力が10歳頃から出てきます。具体的には、どのようにしてそういう力が生まれてゆくのか、わかりやすい例で紹介してみます。それは「じゃんけん」と「鬼ごっこ」です。じゃんけんも鬼ごっこも、もちろん誰でも知っていますし、世界中の子どもたちがその遊びで遊んできました。まさにこの遊びには、「初源の法」とでも呼べる世界があったのです。でも人類がどうやってこの「初源の法」を考案してきたのか、詳しくはわかりません。でも、そこで確実に法の世界がはじまっていたのです。「じゃんけん」については季御寧『ジャンケン文明論』（新潮社）が深い考察をしていますのでそちらを見て下さい。ここでは「鬼ごっこ」について見てみます。

ちなみに「おに―ごっこ【鬼ごっこ】」を辞書で見ると、「子供の遊戯の一つ。鬼になった者が他の者を追いまわし、つかまった者が次の鬼となる。おにあそび。おにごと。」（広辞苑7版）というように書かれています。鬼ごっこといえば、誰もがここに書かれたような遊びを思い浮かべるだろうなと思います。そんな誰でも知っている遊びに、特別に注目すべきところは何もないように見られます。でもそれは違うのです。

たとえば二〇一一年三月十一日の東北大震災で福島から避難してきた子どもがいじめにあっているということがニュースで何度も報道されたことがありました。福島から来た子には「放射能」がついている。だから、その子が誰かに触ると放射能が移る、というのです。まさに、そこに「鬼ごっこ」の原理が適用されていたのです。「福島出身」というだけで、「鬼」と見られていたのです。教師やクラスの中に、これがもう一つの「鬼ごっこ」であることが意識できなければ、事態はどんどんとひどいいじめにつながっていくのは当然だったのです。

鬼ごっこの資料を収集した人に加古里子《かこさとし》氏がいます。彼は長年、資料（『伝承遊び考3鬼遊び考』小峰書店、二〇〇八年）を集め、「鬼ごっこ」を含む「鬼遊び」には五〇〇種類の基本形があり、それぞれに四ないし五種類のバリエーションが想定され、最低でも二〇〇〇種類の鬼遊びが存在すると指摘されていました。（575頁）

鬼ごっこってそんなにあるのと不思議に思われるかもしれませんが、それは鬼ごっこをする状況に合わせて、子どもたちがそのつどルールをつくりかえてきたからです。たとえば、広場で走り回って、鬼ごっこをしていたときは、ただ単に鬼にタッチされればそれで鬼になっていたのに、公園のジャングルジムのあるところで鬼ごっこをするときには、このジャングルジムの中だけで動き回って、鬼にタッチされればアウト（鬼を替わる）にしよう、ただし、ジャングルジムから足が地面についてもアウトにしよう、いうふうにルールをつくるわけです。それが「ジャングル鬼」という言い方になってきました。

こういうジャングルジムと地面との対比はわかりやすいので、いろんな物が置いてある広場では、地面より少しでも高いところにいれば、鬼が目の前に来てもタッチされないというルールをつくる、いわゆる「高鬼」があります。でもそうなると、小石の上に乗っていてもタッチできないので、鬼がそこよりも高いところに上がれば、それより下の子は安全ではなくなり、逃げないといけなくなります。あるいは鬼が登れないような木の上に登れば鬼はお手上げになりますが、でも鬼がそこで10数えるとかすれば、その間に逃げないとその「高さ」は安全ではなくなるとか、要するに、鬼が不利になりそうだと思えば、鬼に有利な条件を考案し、子が不利になりそうであれば、そこでまたこの有利なルールがつくられるというふうに、子ども同士がその状況に合わせて、即興でその場限りのルールをつくり出すわけです。

こんなふうにどこで誰と何を使って遊ぶのかによって、さまざまな鬼ごっこができるわけで、そこで加古里子氏は、子どもだけで遊ぶ鬼ごっこ、場所や道具を使う鬼ごっこ、集団でする鬼ごっこと大きく三つに分け、その中で繰り広げられるバリエーションを数えて、二〇〇〇種類ほどの鬼ごっこが見つけられるとしてきました。

こういう鬼ごっこの様々な形態を見ているだけも楽しいものですが、ここではそういうわけにはゆかず、この鬼ごっこのもつ奇妙なリアリティと、この遊びの根っこにあるものを考えてゆかなくてはと思います。**この遊びはどこかでいじめにつながる側面を持っていたから**です。

②生きものの「狩り」の本能

最初に紹介した広辞苑の「鬼ごっこ」の定義は、「鬼になった者が他の者を追いまわし、つかまった者が次の鬼となる」というものでした。この遊びの面白さは「鬼」が「子」を追いかけ、「子」は「鬼」から逃げるというところにありました。どんなにたくさんのバリエーションになっていても、基本はそこにありました。この何でもない遊びが妙なリアリティを持っているのはなぜかというと、それは生きものが基本的に「狩り」をするものとしてそこにいたからです。「狩りをするもの」とは、「捕食者」でありつつ、別な捕食者から「逃げ隠れするもの」としてそこにいるものということです。生物としたら、「敵」に見つかれば、まずは万事休すです。でも、最後の最後まで、全力で「逃げ」続け、うまくいけば逃げられます。ただ、生物の世界で大事なことは、一見弱そうに見える生きものでも、逃げるだけではなく、どこかで捕食者になっているところでした。この捕食者になるか、逃走者になるかは、近づいてくるものが「敵」かどうかで決まります。

人間だけは、そういう「狩り」の世界から脱し、人間だけの安全圏を確保して、捕食者—逃走者の関係から自由になった世界で生きてきました。でもオルテガは『狩猟の哲学』(吉夏社、二〇〇一年)で、人間の活動の根底にある狩猟活動について鋭い洞察を加えていました。鬼ごっこという遊びは、そんな「狩り」から解放された人間世界の中で、じゃんけんで、捕食者—逃走者の関係を蘇らせ、元の動物の姿に戻してしまうことを人工的にしていたのです。だからこの遊びには妙なリアリティがあったのです。その「狩り」の「捕食者」が今度は「鬼」というわけです。

③「鬼」のもつ二面性——「遊びの鬼」と「法的な鬼」

ところが「鬼ごっこ」という遊びでは、人間を動物の世界にもどすというだけの遊びではありません。というのも、「鬼」は「追いかけてつかまえる」という意味では「捕食者」に似ていますが、それは、強いからでも、捕食者だからでもなく、ただじゃんけんに負けたからにすぎません。そして、その「鬼」は、触ったものを「鬼」にさせ、自分は元に戻るわけですから、がんばればすぐに

「鬼」でなくなることが起こります。それが面白いので、じゃんけんで負けて「鬼」になってもめげることはないし、せっせと誰かを触りに走り回ります。

そんな強烈に夢中にさせる「鬼ごっこ」だからこそ、二〇〇〇ものタイプに枝分かれして、別な楽しみ方を広げていったわけです。そして、そういうことができたのも、**「鬼ごっこ」が、簡単に変更可能な「約束事」で成り立っていた**からです。この簡単にルール変更や、ツールつくりができるところが、実は「子ども法」をつくることと同一の活動になっていたのです。

ところがこの簡単で変更可能な約束事を使って、特異な「鬼ごっこ」を考案することも可能でした。そのことに「鬼ごっこ」事例採集者、加古里子氏もきちんと気がついていて、「はみだし」の鬼ごっこのあることに注意を喚起していました。彼自身は、みんなが楽しく遊べる鬼ごっこを正当「鬼ごっこ」とよび、そこからはみ出す鬼ごっこを、「法外」とか「裏面」「不徳」「悪心」「邪道」「逆行」というように呼び、邪道「鬼ごっこ」と呼ぶこともありました。加古氏の取り上げた例を挙げてみます。『伝承遊び考3鬼遊び考』(同前、604頁)

①順調な遊びの進行をさまたげ、妨害し、停頓、逆行する方策や行動をするもの。
・オニの行動を邪魔し、悪口やからかい、あざけりを重ね、すきを見て、つついたりたたいたり、負担が重くなるようにする。
・子やオニが行動するのを阻害し、困ることをしたり、惑わすような言い方、やり方をして混乱させる。

②社会的な不道徳、悪行を容認、遅れた古い考えや差別用語などの不善、不良を見のがしているもの。

・「海戦／水雷／大将／ホリョ」など戦争関連事項や名称がそのまま残っている。

・悪意ある蔑称、差別用語が使用されている。

・ぬすみ、どろぼう、ギャングなどを謳歌、愛好、誇示する傾向がある。

こうした例をあげて、加古里子氏は、こう問いかけていました。

これはいったい、何なのであろうか。せっかく各種の「鬼遊び」を楽しむことは、心身の発達に資していて、その要点がわかったというのに、その遊びの進行をさまたげ、順調な推移を邪魔する「遊び」が、多数存在するというのはどういうことなのだろうか。少しばかりの稚気と悪戯心や「あまのじゃく」の面白さは、多少許せるとしても、明らかな悪意や不徳、不善を許容、謳歌するごとき「遊び」の存在はどうしてなのか。正常実直な立場からいえば、非モラルや悪徳へ傾斜した「はみだし」があるかと思うと、一方では、幼少児や弱者のための、こまかな配慮や手だて、付則、例外項目を設けている。この二重の「はみだし」と矛盾はなにゆえなのだろうか。明暗正邪のこの奇妙な同居、混在はどうしてなのであろうか。（同前、606頁）

加古里子氏は、膨大な鬼ごっこの資料を分類し、その子どもたちの豊かな遊びにいたく感心をしつつも、どうしてもその豊かさに水を差すというか、逆行するかのような、不愉快な思いをさせる鬼ごっこのあることとの、その理由がどうしても気になっていたのです。でも、私から見ると、加古里子氏は、とうとうその「理由」を理解できないままに来られたと思います。というのも、加古氏は鬼ごっこを終始「遊び」のイメージの中でしか捉えられていなかったからです。そしてその遊びを、子どもを豊かにする遊びと、そうでない遊びに分けようとしていました。それは間違っていると私は思います。

鬼ごっこに、子どもを豊かにする正当「鬼ごっこ」と、子どもを不道徳にする邪道「鬼ごっこ」があるかのように分類するのは、よくありません。鬼ごっこに、「裏面」「不徳」「悪心」「邪道」「逆行」というような側面が見られるのは、それが「遊び」でありつつも、「法の活動」としてもあったからなのです。その最も大事なところが加古氏にはよく見えていなかったのです。**鬼ごっこの怖さはその、「法の活動」の「転用」から起こってくる**のですが、この「転用」もまた、「法の活動」の一つだったのです。

④「鬼」にされ続ける

確かに、鬼ごっこは辞書の通りにするとしたら、「じゃんけん」などで負けた者を鬼とし、ほかの子どもが逃げるのを鬼が追いかけ、鬼につかまった者が次の鬼になるという遊び、となるわけですが、もし誰かが「鬼」にされ、その後、ルール変更され、彼が触っても誰も鬼にはならないと決めるとすると、彼はいつまでも「鬼」であり続けなければならなくなります。そうすると、彼は、ふだんはみんなと同じ格好をしているのに、みんなからはつねに「鬼」と見られていることになります。そしてその現状を変更する力は鬼にはないのです。「みんな」で決めてしまっているからです。

では、その「鬼」から逃れられないのかというと、そうでもないのです。「みんな」の取り決めを変更してもらうことです。そのことがわかっている「鬼」は、**一生懸命「みんな」の意向に逆らわないように、「みんな」の言いなりになるように動こうとします**。そうすると、そこで「自分の意志」はないもののようになってゆきます。「みんなの意志」が変わらないと、自分が「鬼」であることは、自分だけでは変えられないからです。

これが「**鬼ごっこ」の変形**です。でも、遊びの変更であるというのではありません。**公平さを欠くように取り決めをされた「法の活動」になっている**だけなのです。法の活動ですから、その取り決めに違反すれば、当然「罰」を受けることになります。それが殴る蹴るのひどい暴行になって続くのは、「鬼」が少しでも反抗的な態度を見せる時です。そうなれば、さらなる違反をしたとして倍の「罰」が加えられるという意識が働くものですから、加害者側にはいつまで経っても「悪いことをしている」という意識は起こらず、むしろ常に「こいつが悪いから罰を与えているのだ」という**「法の執行者」のような意識しか生まれてこない**のです。

こういう行為は、確かに邪悪で、悪質な行為なのですが、それは加古氏が思われているほど加害者が不道徳だからそうなってゆくのではなく、**法の仕組みを転用すれば、こういうことは誰でもがしてしまうこと**なのです。

歴史の中でも、幕末の京都で、幕府や天皇を守るために薩長と戦っていた会津藩やその傘下の新撰組も、天皇が薩長に味方をしたそのときから、天皇と対立する賊軍にされたようなものです。**「法」が変われば一夜にして「善悪」「正邪」の関係は変わってしまう**のです。

⑤じゃんけんと鬼——「見えない法廷」へ

ところで、「鬼ごっこ」の**「鬼」がじゃんけんで決まるということ**。広辞苑の7版が言及できていない最も大事なことがらがここにあります。このことの大事さはいくら強調してもしすぎることはありません。じゃんけんで鬼を決めるということは、じゃんけんで鬼が決まるということなのです。同じことを言っているわけではありません。じゃんけんで鬼を決めるというのは、鬼の交替がみんなに可能性として与えられているということです。運の良い悪いはあるでしょうが、**鬼はじゃんけんによって常に「交替」させられてゆく**のです。だから楽しいのです。じゃんけんには運の良い悪いは別にして「公平」さがあるのです。

でも、じゃんけんではなく、**みんなの意志、仲間の意志で決める**ということになると、「鬼」であることが、動かなくさせられるというか、**交替しなくてもいい**ように、させることができます。どこかの国の指導者のように何十年も交替無しで続けさせることができます。どうしてそういうことが可能になるのかといえば、それは交替可能なじゃんけんの原理ではなく、「法」という「みんなの意志」「共同の意志」で決めているからです。

「法＝共同の意志」で決めた「鬼」は、じゃんけんで決めた鬼と違って、**罰則の対象**にもできるのです。子どもたちは、初めはじゃんけんで決める鬼ごっこを楽しんでいながら、それを「法の意識」が芽ばえるにつれて、「法の鬼」として、つまり「罰をあたえる対象」としても意識できるようになるのです。そして、その意識が、しだいに鬼ごっこをいじめの道具として使うようになってゆきます。加古里子氏のいう**邪悪「鬼ごっこ」**です。

この邪悪「鬼ごっこ」が生まれると、「鬼」にされるということはすでに、「みんな」から何らかの「罰」を与えられたもの、すでに**「負債」を抱えたもの**になってしまいます。そうなると、負債者としての鬼は、警察に追われる泥棒のようにいつも「みんな」から逃げていなければなりません。それだけではなく、逃げながら負債を返さなくてはならないのです。でもその返済がうまくゆかないと、今度はまたそのことで追加の罰が科せられます。そうすると、悪い金融業者に捕まった人のように、返せない期日にまた次の金利が加算されるというように、負債がどんどんと膨らんでゆきます。そうなると、負債者の「罪」もどんどん膨らんでゆき、ついには「ふつうの罰」では済まなくなり「死ね」というような、極端な暴言を言い渡されるところにまで進みます。いわゆる**「死刑宣告」**というようなものです。

机や黒板に「死ね」とか「死んでください」というようなひどいことがなぜ書けるのかと普通なら思いますが、書いている側からすると、ひどいこと、悪いことをしているようにはあまり感じていないのです。ここが邪道「鬼ごっこ」の怖いところです。なぜ悪いことをしているようには思わないのかというと、それが「罰」だという意識があるからです。「罰」ということは、そういうものを受ける罪を犯していたから、**罰を受けるのが当たり前だという意識があるのです。これは全く「法の意識」**です。**ここに「見えない法廷」が動いていた**のです。

この「見えない法廷」は、「鬼」にされた者にもよく感知されていて、何か自分が「ミス」をしたようなことを感じています。でも、それが一部の者たちがつくった「地下法廷」で、一方的に「みんな」に共有され、一方的に「罪」をどんどん加算されていって、行き着く先が「死の宣告」だったのです。そしてそれは、「みんな」には当然のように見られることも起こりはじめ、「死の宣告」をされた者も、なにかしらその「宣告」から逃れられないかのように感じてゆくことが起こりはじめます。そこが怖いところです。

こういう過程を「外」から見ようとすることはほぼ不可能です。**いくら監視の目を強化しても、ある子どもが「法的な鬼」になり、「罪」を加算化されてゆく過程は見えない**のです。そもそもその罪の加算は「見えない法廷」で行なわれていたのですから。その「見えない法廷」を「見える法廷」にしてその債務は穏当に債務なのか、本当に支払いをしないといけない債務なのか、そういうことを**明らかにできるのは、そこにいる子どもたち自身でしかない**のです。そしてその**「見えない法廷」を「見える法廷」にするには、みんなの見る「広場」をつくり、困った出来事をそこに出して、**何がクラスで起こっているのか、本当に意味で「みんなに見える」努力をクラスみんなでしてゆく以外にないのです。

第3章　いじめを描く文学作品の読み解き——「文学の力」へ

はじめに

大学紛争が終わる一九七〇年、そして八〇年、九〇年代に広がった校内暴力、学級崩壊、いじめの負の連鎖は、たくさんの生徒の苦渋の死を引き起こし、教師たちを疲労困憊させてきました。その当時書かれたいじめ論、映像記録は、膨大な量に達すると思います。ただ気になったのは、この時期に多発してきた陰湿な事件が、あまりにも「現代的な状況」の中で起こっていたので、「過去にもいじめはあった」とか「戦前からいじめはあった」などといえば、「現代の状況」を知らない幼稚な発言のように冷笑されることがあったことでした。このひどい現状の中にいる自分たちが、一番よく最新の「いじめ」のことがわかっているのだというふうに。

確かに、メディアを巻き込んだ事件の深刻さは、そんなものがなかった時代の「いじめ」とは、違っているところもあるのですが、それでも、思われているほど**「古いいじめ」と「新しいいじめ」があるわけではなく、根本で起こっていることは、そんなに変わらない**ところがあったのです。そして、そのことを理解することはとても大事なことだと思われます。ではどうしたら「古い時代」にも「現代に通じるいじめ」があったことがわかるのかということです。それは長く読み継がれてきたすぐれた文学作品を読み解くことの中にあります。

ここでは「いじめ」を理解する必読書として、次の五つの文学作品を取り上げ、解説します。この文学作品を読まれると、きっと「いじめ」が「現代」のものではないことが深いところでおわかりいただけるかと思います。そしてなによりも大事なことは、これらの作品が作者の実体験に基づいて書かれているということろです。小説を書いた後、別なエッセイで、自分の実体験のことを語っているところも興味深く、その小説とエッセイを比較して考えてみるのもとても有益かと思います。

原作発表年代別

一九〇六年　ロベルト・ムージル『寄宿生テルレスの混乱』（映画『テルレスの青春』一九九三年日本公開）

一九一八年　谷崎潤一郎『小さな王国』

一九一九年　ヘルマン・ヘッセ『デーミアン』
一九三七年　吉野源三郎『君たちはどう生きるか』
一九六九年　柏原兵三『長い道』（映画『少年時代』一九九〇年公開）

現在読める本
ムージル『寄宿生テルレスの混乱』（丘沢静也訳、光文社文庫、二〇〇八年）
（『世界の文学48　ムージル／ブロッホ』「若いテルレスの惑い」中央公論社、一九六六年、『世界文学全集38　ムージル／ホーフマンスタール』「少年テルレスのまどい」講談社、一九七〇年）
谷崎潤一郎『小さな王国』
（『潤一郎ラビリンスV　少年の王国』中公文庫、一九九八年、『少年少女日本文学館4　小さな王国・海神丸』講談社、一九八七年）
ヘッセ『デーミアン』（酒寄進一訳、光文社文庫、二〇一七年）
（訳は多数。『ヘルマン・ヘッセ全集10』臨川書店、二〇〇五年）
吉野源三郎『君たちはどう生きるか』（岩波文庫、一九八二年）
柏原兵三『長い道』（中公文庫、一九八九年）
（『長い道』桂書房、一九八三年、『柏原兵三作品集4』潮出版社、一九七三年）

最初に、これらの作品の主要な「いじめ」の部分で描かれている問題を五つに絞って説明しておきます。第1章で考察してきたことと深く関わってきますから、この五つには注目してもらえたらと思います。

①いじめの対象になる生徒は、はじめに「罪」を犯した「違反者」と設定される。
②その「罪」ゆえに「違反者」は「罰＝制裁」を受ける対象にされる。
③その「罰＝制裁」を免れるために、「違反者」は「言うことを聞く」約束をする。
④その「約束」を守らないと、さらに「罰＝制裁」が追加され、しだいに「制裁」の「免除」は機能しなくなる。
⑤重ねられる「制裁」が「表に出ない」ままに強化されると、「違反者」にとっては、その「苦痛」から逃れるにはもはや「死」を選択するしかなくなるようになる。

この五つの問題から何がわかるかというと、その①→⑤までの過程が、まさに**「法の世界」のプロセスと同じ**だということです。つまり**「罪」を見つけたらそれを「罰する」というプロセス**です。子どもたちは、10歳頃から、「罪」に対して「罰」を与えることが、自分たちでできるという仕組みを、自分たちの生活の中で意識し始めます。それが**「掟」の意識**です。グループや仲間作りができてくる（かつては「ギャングエイジ＝徒党時代」と呼ばれてきた）と、そこに仲間内の「ローカル法」つまり「掟」が意識されだすのです。私たちはそれを仲間作りとか、友だちルールというような、可愛らしい言い方で説明したりしますが、実際には友だち関係を拘束し「違反」すると「罰」を与える「法」のような性格を帯びているものです。

それは大人の世界の法とは違いますが、基本的にはそれに近いものとして意識され始めています。近いものという意味は、その「掟」の世界が、その「決めたこと」を「力」として使えるように意識しているところです。そこで「決まってゆくこと」は、子どもたちの間で、「命令」となったり、「従う」ということになったり、してゆきます。そしてそれに「違反」したら、「罰＝制裁」を与える力＝権限を持つようになるのです。「掟」の意識は、「小さな法」の意識の芽生えなのです。だから、**「掟」は「ローカル法」**と言ってもいいもので、ここではそれを**「子ども法」**と呼んでいるのです。

文学作品で注目していただきたいのは、生徒たちの普段の関係が、ちょっとしたことがきっかけで、「違反者」を「見つけてしまう」ことからはじまるところです。そして、ここでさらに大事なことは、「掟（ローカル法）」が、特定の友だちの間で制定され、有効活用され始めるところです。そして、その「掟」が他の人には「見えない」ところで「運用」され始めるのです。ここから、はじめは悪ふざけのようにしていたことが、しだいに「罰」を与える動きに変わってゆきます。そうなると、見かけは「悪ふざけ」のように見えていても、実質は「制裁」を加えるというふうになっていて、それが陰湿な「いじめ」と呼ばれるものに変質していきます。それが進行すれば、もはや

「生き地獄」と呼ばれるしかないような、逃れられない「制裁の檻」に押し込められてゆくことになります。

問題なのは、そういう**ひどいことをしているほうに「悪いことをしている」という意識が全く生じないところ**です。それは自分たちが「正義」の側にいて、相手が「違反者」で「罰」を与えているのだという「法」の仕組みに入り込んでしまっているからです。

だから、**そこのところを道徳観の欠如といったような発想で理解しないこと**です。そういう理解をしてしまうと、「道徳教育」に力を入れなくてはと思う人が出てくるからです。違うのです。**道徳の欠如からそういう陰惨ないじめをしているのではなく、自分たちの掟に沿って違反者に罰＝制裁を加えているという「正義の意識」があるから、どんどん陰湿なことを平気でするようになっている**のです。課題は、そういう「掟＝ローカル法」の力に目覚めた者たちの「正義」が、自分たちに都合のいい身勝手な「正義」にすぎないことを、早い時期から意識させてゆくことなのです。それは「道徳教育」とは全く違うものです。

では、こういう「掟＝ローカル法」が支配してゆく「閉塞的な法」の状況を打破してゆく道はあるのかということです。それは**「ローカル法」に対して「公共の法」を並行して対置させてゆく**という以外に道はないのです。子どもたちは、早い段階から、この「掟＝ローカル法」以外に「公共の法」があって、そちらに訴えることができるのだということを学ぶ機会が与えられることです。この「公共の法」への学習の道が「法の人になる」道なのです。

文学作品の優れたところは、この「掟＝ローカル法」の出現と、その出現によっていかに人が拘束され、理不尽な「制裁」を受けることになり、その苦痛に耐えられずに「死」を選ぼうとしてゆくか、よくわかるからです。そして**この状況が打破できないのは、この「掟」の世界が、学校の中に隠され、「表」に出さないようにされているところです。**作品には、そういう学校の体質もよく描かれています。

そのことが理解されれば、いじめを打破する道はどこにあるのか、よくわかるようになると思います。その辺に注目して以下の作品を読んでみたいと思います。

1　ムージル『寄宿生テルレスの混乱』——恐ろしい「合意」

『寄宿生テルレスの混乱』は、作者25歳の時に執筆し翌年出版した小説で、作者自身の14歳から17歳まで過ごした全寮制の「陸軍高等実科学校」での体験が元になっています。思春期特有の観念的なことや性的な妄想が入り混じって書かれた作品で、その部分は読みづらい本ですが、作者が実際に体験したような部分は、具体的に書かれているので、そこをたどってゆけば一気に読める作品です。光文社の文庫の帯には「同性愛、語りえないこと−少年たちは、未知の国を体験する」と書かれています。作品は映画にもなりました。『テルレスの青春』（一九六六年、ドイツ／フランス合作映画。日本公開一九九三年）という白黒の優れた映画です。

寄宿生となったテルレスは、二人の年上の寄宿生と親しくなります。粗暴なライティングと神秘家バイネベルクです。彼らと売春宿の女に会いに行ったり、当時の学生たちがやらかしそうな遊行に、気乗りしないながらも興味を持って付き合います。そしてこの二人は、なぜか学校の屋根裏部屋や地下室の合鍵を持っていて、そこの秘密のコーナーで授業をサボって本を読んだり、世に出たときの計画を巡らせたりしているのを知ります。

そんなある日、気の弱そうで少女のような体つきをしたバジーニという少年が、クラスで設置していた長い箱からお金をくすねていた情報をライティングはどこからか手に入れます。バジーニは、すでにライティングからもお金を借りていて、その額も増えていたので、くすねたお金で返そうとしていたのかもしれません。結局しかし、借金と盗みが粗暴なライティングの「内緒で知る」ことになり、この「秘密」を利用して、バジーニを学校に訴えるぞと「脅迫」し始めます。そこにバイネベルクが加わり、その下っ端で行動を共にしていたテルレスにも「お誘い」が掛かります。つまり三人でバジーニを「支配しよう」というのです。その発端のところをライティングが二人にこう話して聞かせています。

「最後通告だ。あした金を持ってくるか、それともおれのいうことを聞くか」。「どんな条件なの」と、あいつが聞いてきた。聞かせたかったたね、おまえたちにも。まるでさ、魂を売ってもいいいような顔をしてたんだぜ。「どんな条件だと？　おおぉ！おれがなにをやろうとしても、おれの言うとおりにするのさ」。「それだけなの？　だったら、そうする。喜んで味方になるよ」。「ああ、だがな、お前にとっちゃ、楽しいことばっかりじゃないぞ。おれがどんなことを要求しても、やってもらうんだから。——盲目的服従ってやつだ！」（『寄宿生テルレスの混乱』光文社、89頁）

結局、借りたお金は返せず、わずかな金額の盗みも自ら告白して知られてしまい、しだいにバジーニは、ライティングたちの「言いなり」にならざるを得なくなってゆきます。「本当におれの奴隷になっていいと言い出した」（94頁）とライティングは説明し、さらに次のようなことも言っていました。作品の恐ろしさがここから始まります。

「バジーニはおれたちの手中にある。おれたちの思いのままだ。いいんだよ、おまえがあいつに毎日2回、つば吐きかけたって。あいつが言いなりになってるかぎり、おれたちといっしょ、とは言えないだろ？　もしもあいつが逆らったら、いつでも、誰が主人か教えてやれるわけだ……。おれたちとバジーニがいっしょだなんて考え、捨てちまいな！　あいつの卑しさがおれたちを楽しませてくれるだけなんだ」（100頁）

結局、ライティングとバイネベルクの二人は、空き時間を狙ってはバジーニを屋根裏部屋に連れ込み、泣き叫ぶバジーニを殴ったり、革のベルトで打ったり、性的な慰めものにしてゆくことになります。「からだ一面がみみず腫れ」になっていたとも書かれています。その描写は、「いじめ」を通り越して「虐待」とも呼べるものなのですが、恐ろしいのはその二人が「面白がって」やってい て、バジーニも進んでそういうことをされているように見えるところです。すべては、「合意の下」になされている、と見えているのです。

事実、ここには、「合意」があったのです。恐ろしいというのはそこなのです。というのも、無理矢理、一方的に監禁され、残虐な暴力を振るわれるというのではなく、当人は、指示されると自分の意志で屋根裏部屋に出かけていって、自分から服を脱ぎ、二人の「言いなり」になろうとしていたのですから。でもそれを「合意」というのは、間違っていると誰でも思います。私もそう思いますが、それでも、バジーニには「自分から進んでされている」というところが、どうしてもあるのです。**ここのところの「謎」を解き明かさない限り「いじめ」の本当の仕組みは見えてこない**し、現にこういう仕組みを利用して起こるいじめは、現代でも全然変わってはいないのです。

主犯格の二人とは距離を置いてバジーニと接していたテルレスも、ある日、バジーニの誘いに乗るかのように、性的な関わりを持ってしまいます。でも同時にそういうことになったこと自体に嫌気が差して、彼から遠ざかろうとします。そのこともあってのことか、作品の最後のほうでバジーニが、テルレスに助けを求めてきます。

ちょうど誰もいないときに、バジーニがテルレスに近づいてきた。哀れな様子で、顔は青白く、やせている。目にはたえまのない不安が熱く揺れている。おずおず視線をそらせ、急いで言葉を吐きだした。「助けてくれなきゃ！　君しかいないんだ！　いじめには、もうがまんできない。以前は耐えられたけど……もう、殴り殺されちゃうよ！」

テルレスは不愉快で答えなかった。そして、ようやく口を開いた。「助けるわけにはいかない。身から出た錆だろ」

「でも、テルレスはちょっと前まで親切だったじゃないか」（279頁）

バジーニは、身の危険を感じ始め、ライティング、バイネベルク、二人の言うことを聞かないようなそぶりを見せ始めます。すると、そういうそぶりそのものが、二人への反感や、不服従と見なされ、さらに痛めつけて、文句を言わせないようにしなくてはと二人は思うようになります。そして、そうすることをテルレスにも求めます。でも、テルレスは、しだいに同調できなくなってきています。


「どうしても君の前で、バジーニに見せてやらなくちゃ。ぼくらに逆らったら、助かりっこないってことを。きのう、あいつ、ぼくらの命令を実行するの拒んだんだ。

殴って半殺しにしてやったけど、言うこと聞かない。だからもう一度、道徳的手段に訴える必要がある。最初は君の前で、つぎにクラスの前で、侮辱してやらなきゃ」

「ぼくは行かないよ！」（289頁）

ライティング、バイネベルクの二人は、逆らい始めたバジーニをさらに痛めつけると同時に、クラスのみんなの前で、盗みをしたことをバラして、そのあとで、みんなでもっといたぶってやろうと決めました。テルレスは、この時にはもうこの行き過ぎた、おぞましい「虐待」に嫌気がさしていて、行動を共にすることを拒むのですが、二人にこう言われます。「テルレス、ぼくらに逆らって、来ないのなら、バジーニとおなじ目に遭うよ」（291頁）と。自分にも身の危険が及ぶことを知ったテルレスは、夜中にこっそりとバジーニに走り書きのメモを渡します。

「あした、クラスの前で見世物にされるぞ。恐ろしいことが待っている。逃げ道はただひとつ。自分で校長に訴えるんだ。訴えなくても、校長の耳には入るだろう。ただしその前に、君は殴られて半殺しになってるぞ。

すべてRとBのせいにするんだ。ぼくのことは黙っておいて。

わかるだろう。ぼくは君を助けたいんだ」

そのメモを寝ているバジーニの手ににぎらせた。（295頁）

事実、次の日、バジーニの盗みは、クラスのみんなに知られることになり、みんなでよってたかって彼をリンチのように痛めつけます。そしてさらに次の日はもっとひどい仕打ちをしようと目論んでいた矢先に、バジーニは校長に呼び出されます。テルレスの助言通りに、バジーニは校長に虐待を暴露しに行っていたからです。事態は校長にも知られるところとなりました。そして事情聴取が始まります。でもライティング、バイネベルクの二人は次のように言って逃げ切ります。

ふたりはすべての罪をバジーニになすりつけた。クラスの全員がひとりずつ証言した。バジーニは泥棒です。なんの取り柄もありません。心を入れ替えるよう、どんなに親切に言ってやっても、また別の罪を重ねるだけなんです。ライティングがこう断言した。ぼくたちが過ちを犯したことは認めます。でもそれは同情の気持ちからやっただけなんです。つまりですね、クラスメートを学校側に引き渡して処罰してもらうよりは、むしろ平和な手段を駆使して啓発するべきじゃないか、と考えたわけなんです。そしてこんどはクラス全員が、きっぱりとこんなことを言った。バジーニをいじめたのは、みんなの怒りが吹きこぼれたものにすぎない。なぜなら、気高い気持ちからバジーニのためを思っている人間にたいして、バジーニが、なんともひどい、なんとも下品な嘲笑で応じたからなのだ。

要するに、これはライティングのみごとな演出による、しっかり打ち合わせをした喜劇だった。倫理的なトーンはすべて弁明のために奏でられたのだが、教育者の耳には価値があるのだ。

（304頁）

もちろん、バジーニにも事情聴取は行なわれました。でも、「みんな」を悪く言ったり、とくに、例の二人のことは悪くは言えませんでした。というのも、「ライティングとバイネベルクからは、もしも不利な証言でもしようものなら、恐ろしい復讐が待ってるぞ、と、しっかりくぎを刺されていた。」（304頁）からです。

そのとき、テルレスはどうしていたのかというと、二人の攻撃が今度は自分に向かうことがわかっていたので、学校から逃げ出していました。でも、探し当てられて、連れ戻され、事情聴取が次のようにされました。「事情聴取は、秘密が漏れでもしたらまずいという配慮から、校長の自宅でおこなわれた。居合わせたのは、校長のほかに、クラス担任と、宗教の教師と、数学教師だった。」（305頁）

学校は、校内で起こった不祥事を外部に知られないように絶対の注意を払っています。その結果、バジーニは放校処分となり、テルレスも、事情を聞かれた後、同じく放校の処分を受けることになりました。いじめに関わったクラスは、そのままですし、主犯格の二人も何のおとがめもなく終わっています。「学校ではなにもかもが普通に戻っていた」と。事態は学校に都合良く、二人の画策した筋書き通りに事態は収拾されていきました。「いじめ」の推移だけをまとめれば以上のようになります。こういう学校の隠蔽的な対応、そしていじめの主犯格の正当化の弁明は、今でもくり返し私たちがニュースで目にするところです。作品の現代性がそこに見られます。

文学作品としての「終わり方」は他に読みとることも可能です。文学作品としてというのは、テーマがいじめにとどまらず、性に目覚める頃の微妙な心理、同性愛、数学や哲学などの観念的な問題にも広がっているからです。でも、そういうテーマを論じれば、さらに多くの言葉が必要になるので、ここではいじめの考察だけで終えておきます。

2　谷崎潤一郎『小さな王国』――「言いなり」になるとはどういうことか

1　あらすじ

『小さな王国』（一九一八年、谷崎32歳の作品）は、子どもが主人公ということもあり、文学者の間では批評されることも少なく、本格的に論じられることのない作品でしたが、とても大事な作品です。物語は、転校生、沼倉庄吉（小学5年）が、優れた教師、貝島昌吉が長い教師生活でつくり上げてきた教室の統制空間の中に、ある日やってきて、短い期間で、その統制されたクラスのみんなを、逆に自分のいいなりに統率してゆく姿を描いた作品として要約できます。

そういうふうに要約される物語の、その転校生沼倉庄吉の統率のやり方だけに焦点を当てて見れば、それはここで問題にしている「いじめ」の状況と重なっているのがわかります。クラスの子どもたちは、沼倉が来てからは、たえず彼の顔色を見ながら過ごしていて、沼倉が黒いものを白といえば、みんなは同じように黒を白というまでになっていたのですから。

たとえばその例は、修身の授業中に、不謹慎にも明らかに喋っている沼倉をしっかり確認した教師、貝島が、彼を名指しで注意すると、僕ではありません、喋っていたのはこの人です、と近くの常日頃から品行の正しい生徒を指さしたのです。このあまりにも、見え透いた嘘にびっくりし、腹を立てた貝島は、嘘をつくな、俺はお前が喋っているところをちゃんと見ていたんだといって、それを確認するために沼倉に指さされた少年にたずねると、喋っていたのは僕です、という思いもよらない返事が彼から返ってきたので、さらにびっくり仰天してしまいます。「沼倉は、自分の非を認めようとしないばかりか、他人に罪をなすりつけようとしていた」ことに貝島は逆上してしまいます。そこで沼倉を立たせようとすると、「先生、沼倉さんを立たせるならぼくも一緒に立たせてくださ い」と級長が言い出し、その後続けて「ぼくも、ぼくも」と言いながら五、六人が席を立って教師のところへやってきたのです。そこで貝島はぎょっとします。このクラスで何か変なことが起こり始めていると。

この件《くだ》りを読めば、あきらかに喋ってもいない者が、喋っている者の罪を被って肩代わりに名乗り出るのですから、言語道断の行為です。そういうことをさせられているものも可哀想であれば、そんな理不尽なことを平気でさせている沼倉というやつは、なんと極悪なやつなんだろうと思わないわけにはゆきません。そしてその場面だけを見たら、この教室に、沼倉という少年を中心に、彼に文句の言えない「いじめ」が浸透しているのが感じられます。読者はこの時点で、なんとかこの極悪の沼倉に制裁を加えることはできないものかと、つい思ってしまいます。

2 モデルになった少年がいた

ただ気になるのは、腕力を振るってクラスのみんなを命令に従わせるような描写がないというところです。谷崎潤一郎は、のちにこの沼倉少年にはモデルがあったことを『幼少時代』（岩波文庫、一九九八年）の中で書いています。

実際のモデルになった少年「のっさん」は、昼休みの騎馬戦でも、「腕力」を用いるわけではなく、馬上から駑馬《どば》をあびせながら敵陣を突破していったと回想されています。「単に腕力からいえば、必ずしも級中第一の強者ではない。相撲をとらせればかえって西村の方が勝つくらいである」とも、谷崎は書いていました。ではなぜ腕力もない一人の少年が、大勢の生徒を従わせるようなことができたのかということです。作者は、『幼少時代』で次のように書いていました。

「要するに彼（沼倉）は勇気と、寛大と、義侠心とに富んだ少年であって、それが次第に彼をして級中の覇者たる位置に就かしめたものらしい。」
「喧嘩《けんか》となると沼倉は馬鹿に強くなる、腕力以外の、凛然《りんぜん》とした意気と威厳とが、全身に充ちて来て、相手の胆力を一と呑みに呑んでしまう。」

「西村が餓鬼大将の時分には、容易に心服しなかった優等生の中村にしろ鈴木にしろ、沼倉に対しては最も忠実な部下となって、ひたすら彼に憎まれないように、おべっかを使ったり御機嫌を取ったりしている。」

「そんな訳で、現在誰一人も沼倉に拮抗しようとする者はない。みんな心から彼に悦服している。どうかすると随分我がままな命令を発したりするが、多くの場合沼倉の為す事は正当である。彼はただ自分の覇権が確立しさえすればいいので、その権力を乱用するような真似はめったにやらない。たまたま部下に弱い者いじめをしたり、卑屈な行いをしたりする奴があると、そういう時には極めて厳格な制裁を与える。だから弱虫の有田のお坊ちゃんなぞは、沼倉の天下になったのを誰よりも一番有難がっている。」（111頁）

だいぶ理解に苦しむ描写です。ただ谷崎が、小説のそういう描写はほぼ事実だったといっているので、そんな描写は「おかしい」というわけにはゆかないのです。

3　「服従」を美化する谷崎の意図

通常の「いじめ」研究となると、この辺から、この作品と離れてゆくのではないかと思われます。この作品は「いじめ」を扱っているのではなく、もっと別なことを扱っているのだとして。でもそれは「いじめ」を狭く理解しているからにすぎません。

なぜ沼倉という少年が、一方では「寛大と、義挾心とに富んだ少年」と描写され、「どうかすると随分我がままな命令を発したりするが、多くの場合沼倉の為す事は正当である。」と描写されるのかということです。もちろんここには作者の、すこしゆがんだ物の見方への過剰な荷担が見られます。それは、子どもたちの沼倉少年への「服従」を、沼倉少年の「義侠」のように美化しようとしているところです。**「服従」を子どもたちが、喜んで受け入れているというふうに**。

ここには、**谷崎の他の作品を貫く「服従への快楽」の「悪魔主義的な発想」**がちらちらと見え隠れしています。ですので、確かに統率者、沼倉少年にモデルがあったのでしょうが、作品では谷崎好みの性質を付加された人格に脚色されていると私には思われます。読者にそのことを見抜かれないように、この支配者に「弱い者いじめ」をしないような「義俠」のイメージを付け加えているように思われます。それにしても、沼倉は、どのようにして暴力を使わないで「みんな」の気持ちを引き付け、かれの「命令」に従わせるようにしてきたのか、そこのところがとても気になります。

4 「贋金」発行——なぜ生徒は「服従」するに至ったのか

端的に言えば、沼倉がクラスのみんなを服従させることになったのは、「贋金」の発行を思いついていたからです。ここで「贋金」という言い方をするのはよくないのですが、今は仮にそう表現しておきます。ここはとても重要なところですから、あとで考えたいと思います。とりあえずここでは、沼倉が、手書きの「子ども紙幣」のようなものを作り、そこに彼の印を押し、それを「通貨」として発行していたということ、そして、クラスのみんなに、家の物を持ってこさせ、その「子ども紙幣」でそれらを実際に購入することができるようにしていたことを指摘しておかなくてはなりません。

そういうことをすると、いろんなものが沼倉の手元に集まります。そして、ふだんなら手に入らない品物が、沼倉の印のついた紙幣を持っていれば、それを手にすることができるようになっていきます。だから貧乏な子どもでも、この沼倉紙幣さえもらえば、文房具でもお菓子でも買えるので、自然と沼倉の言うことを聞くようになります。むしろ進んで、言うことを聞くようにもなりはじめます。言うことを聞かなければ、沼倉紙幣がもらえないわけで、そうなると欲しいものも手に入らなくなるからです。

こうして沼倉は、沼倉紙幣の発行者でありつつ、沼倉共和国の大統領になってゆくのでした。クラスの子どもたちは、こうして「弱み」を握られたのです。そこで、最初に紹介した「お喋りの代理になる」話を思い出してもらいます。ここで沼倉は何をしていたのかというと、クラスのみんなにひどいことをしていたのではなく、ただ沼倉の「無理」をみんなが聞いてくれるかどうかの実験をしていただけであることがわかってきます。**クラスのみんなは、彼の「無理」を聞くことで、あとで自分の無理も彼に聞いて貰える**（欲しくて手に入らない物を、彼の紙幣で買わせてもらうという無理）**という交換の確認**をしていたのです。

なあんだそういうことだったのか、「いじめ」ではなかったんだとほっとする読者もいるかもしれません。でも、事情はそんな単純なことにはなっていなかったのです。

5 「言いなり」と「見返り」

沼倉の「言いなり」になるということは、それに見合うだけの「見返り」があったということで、子どもたちは、単純に沼倉の「言いなり」になっていたわけではありません。ここがいわゆる「いじめ」と違うところなのですが、実はここに私たちの見落としがちな大きな問題が潜んでいるのだと思います。

というのも「お金」は相手を言いなりにさせる「魔力」を持っているからです。この「お金」を握られていることで、たとえ理不尽な要求でも、聞かなくてはならないという「仕打ち」が待っているからです。確かに沼倉は「腕力」には訴えないけれど、**「お金」を支配することで、一人一人の自由な意志をねじ曲げてしまう「心の腕力」**を見せつけていたのです。

もちろん沼倉紙幣の恩恵を受ける貧乏な子どもたちは、彼に助けられていたと思われます。でもそういう「恩恵」も、沼倉の言論のすべてに同意し、服従していたからで、少しでもその言論に疑問を感じて異を唱えてしまうものなら、とたんにその沼倉金融システムからはじかれ、一切の「恩恵」を受けられなくなっていたのです。その恐怖感から、子どもたちは沼倉の言論に異議を唱えるどころか、自分から進んで沼倉の間違った言動を、正しい言動と言い換える主張をするまでになっていました。こういうシステムが許される訳がないのです。

谷崎潤一郎は、さきの自伝の中で沼倉のモデルになった「のっさん」について「沼倉が級中の覇権を握って何十人かの同級生にスターリン的威力を振っていた有様は、正しく『のっさん』そのままなのである」と書いていました。谷崎は沼倉の統制の取り方を「**スターリン的**」と認めていたのです。

6 「地域通貨」のほうへ

それでも沼倉少年を一〇〇%憎めないところがあるのも事実です。彼がお金のない貧乏な子どもたちに沼倉紙幣を渡して、生活必需品を買えるようにしているところは、評価されなくてはならないからです。それは「恐怖支配」とは次元の違う話になるからです。批評家の中には、沼倉のやり方が「共産主義的だ」と思った人がいますが、そんなことはないのです。子どもたちは何も生産するわけではなく、家で作っているものや余った物を持ち寄り、それを沼倉紙幣で交換していただけなのですから。だから、この「沼倉紙幣」の発行は「共産主義的」というような色眼鏡で判断するのではなく、もっと地域の事情に即した考え方で理解しなくてはならない出来事だったのです。

というのも、地域の暮らしを守るため、地域の日常品を売り買いする目的で、国の貨幣制度とは別な「地域通貨」を使う試みは世界の各地で様々に展開されてきていたからです。それは「贋金作り」というようなものではありませんでした。先に沼倉の作ったものを「贋金」と呼ぶのはよくないと保留をしておきましたが、その理由はそういうところにあるのです。つまり沼倉の作ったものは**「地域通貨」「学校通貨」**と呼ばれるべきもので、そういうものの発行の意義は、また別な発想できちんと論議されなくてはならないものでした。

7　作品のテーマの確認

そこでこの『小さな王国』の大きなテーマを考えるところにきたのですが、やはり最大のテーマは、小学5年生になる時点で、すでに「子ども貨幣」のルール、つまり「掟＝ローカル法」をつくることが出来ていたというところでしょう。それが空想の物語ではなく、実体験に基づいて書かれていたというところです。そういう「力」が、10歳頃から始まっていたということを描いた画期的な作品だったと、私は思います。

問題は「掟＝ローカル法」が、子どもたちの自由な意志を妨げ、服従の意志にねじ曲げられてゆくところです。確かに作品では、「ひどいいじめ」の描写はないのですが、こういう「掟＝ローカル法」は、誰にも逆らえない「法」として君臨するところを描いていることが、何にもまして恐ろしいところだと言わなくてはなりません。

谷崎潤一郎にはどこかしら「支配される快感」というものへの共感のようなものがあって、それは『少年』（一九一一年、作者25歳）という作品には如実に描かれています。そこでは、年上の「光子」（「13、14の女の子」とされている）が、10歳になった「私」や彼女の腹違いの弟である「真一」やガキ大将の「仙吉」を、縄で縛ったり、顔一面に蝋燭をたらしたり、自分のおしっこを飲ませたりして遊ぶ様子が描かれています。「13歳の女の子」がそんなことをするのかと、読者は思うでしょうし、私も「作り話」だとは思います。というのも、もし仮に、そういうことをされるようなことが起これば、相手は「女の子」なんですから、嫌だと言って逃げればいいわけですが、作品ではそんなふうにならずに、言われることをしてしまっているのです。

閉鎖された大きな屋敷の中で、女性の性に目覚めてゆく光子の妖艶な姿に魅せられてゆき、言いなりになるという男の子たちの性は、ムージル『寄宿生テルレスの混乱』の寄宿舎での性に目覚めてゆく生徒の姿に重なるところがあると思います。ただ多くの作家はそういう、サディスティックに動く性の描写は避けるところがあるので、そういう意味では『寄宿生テルレスの混乱』と『少年』はきわどい姿を描いていたと言えるでしょう。

ただ、性的な動機にしろ、相手に意志を支配されるためには「弱みを握られる」ということがなければなりません。その「弱み」を握られ、「服従の意志」を示すことが「快感」になれば、谷崎潤一郎の作品の世界になります。しかしここでは、**そういう世界が、「奴隷の意志」をつくることと表裏一体**であることを指摘しておかなくてはいけないと思います。

3　ヘッセ『デーミアン』――「子ども法」の世界

1　作品のあらすじ

「いじめ」に関わる場面をもっとも「わかりやすく」書いている文学作品は『デーミアン』です。作品全体は、難しいテーマを扱っているのですが、ここでは「いじめ」に限定して取り上げます。

作品は八章からなる中編の小説です。問題となるのは、最初の一章「ふたつの世界」、二章「カイン」の二つです。まずこの二章を読むことをお薦めします。いじめに関心のある人で、ここを読んで驚かない人はいないと思います。空恐ろしいいじめの実態が描かれているからです。

事件は、主人公シンクレア（10歳）が、怖いガキ大将のクローマー（12歳）に、遊びに誘われ一緒に遊んでいるところから始まります。彼と一緒にいることは、「仲間」扱いされることで、悪いようにはされないだろうと考えていたからです。ある日、みんなが「武勇伝や、たちの悪いいたずらの自慢話」をすることになり、シンクレアにも順番が回ってきたので、いい格好を見せるために、ワルぶって、ある果樹園からリンゴを袋にいっぱい盗んだというようなつくり話をしてしまいます。

その話を聞いた後で、クローマーは、ドスをきかせた声で「その話は本当か」とたずね、そして

「誓って本当だな」と念を押します。シンクレアはギョッとしますが、作り話だとは言えなくなって、「神に賭けて誓う、本当だ」と言ってしまいます。それで遊びは終わり、みんなは家に帰るのですが、クローマーとシンクレアは二人きりになった時に、彼に「ちょっと聞きたいことがある」と呼び止められます。そしてさっきのりんご園の持ち主を知っているかと尋ねます。そして、こう言います。その果樹園の持ち主が、リンゴ泥棒をつきだした者には二マルクの謝礼を出す、と言っているのを知っているかと。シンクレアはびっくりして、そんなこと、言いつけたりしないよね、と哀願すると、安心しろ、そんなことはしないとクローマーは答えます。その代わり、俺に二マルクもってこいといいつけます。一〇ペニヒや一五ペニヒならもらったことがあるのに、それ以上のお金をもったこともないシンクレアは、そんなお金は無理だといいます。一マルクは一〇〇ペニヒなんですから。でもクローマーは、それなら警察に言ってもいいんだぜと脅します。

その日から、シンクレアは、親の財布からお金を盗んではクローマーに渡すようになります。彼が家の近くに来て口笛を吹くと、それが合図で必ずお金を持っていかなくてはならなくなってゆきます。そして彼の口笛を聞くたびに、こういうことが永遠に続くのではないかと思われてきて、いっそ死んでしまおうと思うまでに至ります。

2 「大河内清輝君の自殺事件」との類似性

この件《くだ》りを読むと、一九九四年に愛知県で起こった「大河内清輝君の自殺事件」を思い浮かべる人がいると思います。彼も金銭を要求され、はじめは小額であったものが、次々に金額がエスカレートし、総額で一一〇万円ほどが脅し取られていたとも報道され、そういう状況の中で彼は自殺をしてしまいます。

これとそっくりな出来事が、すでに一九一九年には小説化されているのです。ただヘッセの小説では、主人公のシンクレアは自殺をしないですむようになります。そこに彼を助けてくれるデーミアンという転校生が現れるからです。小説だからできもしない絵空事を書いているのだろうと思う人がいるかも知れません。しかしそれは文学を甘く見ている人たちです。

確かに、シンクレアが助かるのはデーミアンという転校生のおかげなのですが、どうやって彼を助けたのか、そのことは描かれていません。だとしたら、こういう作品を「いじめ」の作品として読む意味があるのかと言われそうです。でも、とても大事なことがこの小説には描かれているのです。

それは、**事件の発端において主人公が「違反者」として登場**してしまったところが描かれているところです。その違反性に目を付けたクローマーが、それをネタに、それを「秘密」にしておいてやる代わりに、俺の言うことを聞けと脅迫してゆくところが描かれているのです。主人公のシンクレアはここでは「不正者」であり、クローマーのほうが「正義」になっているのです。「不正」を犯した者は、当然「罰」が与えられるわけで、クローマーが、その罰を与える役を担うように動き出したというわけです。悪いことに、この「不正」への代価を払うために、シンクレアは親の財布からお金を盗むことになり、このことがまた「不正」を生むことになり、「不正者」はどんどんとその「不正」を積み重ねることになり、逆に「不正」の代償を要求するほうは、どんどんと「正義」の力を積み重ねてゆくということになっていたのです。

「大河内清輝君事件」の場合も、それとほとんど同じようなことが起こっていたと考えられます。大河内君も、最初は何かどうでもいいようなことで「弱み」を握られていたのだと思います。そのために「言うことを聞く」ようなことが始まり、次に「お金」を要求されることになります。そして「親のお金」を持ち出すことが始まり、その「罪」の意識にも押しつぶされそうになりながらも、暴力を伴う「要求」を断ることができなくなり、自死の選択をしてゆかざるをえなくなりました。

シンクレアの場合には、ウソだったにしろ「不正」をしたことを自分で認めてしまったがために、この「不正」と「罰」の関係は、「許し」がない限り、いつまでも続くことになってゆきました。シンクレアも死んでしまおうと思います。そこに「デーミアン」が現れたのです。

3 「デーミアン」とは何者か

デーミアンは、シンクレアとクラスは一つ上なのに、歳はもう少し上だったと書かれていて、何歳なのかはわかりません。ただ、彼は腕力でクローマーを打ちのめしたとかそういうことではなく、彼はクローマーと「話をした」だけなのです。作品では、彼がどういう話をクローマーとしたのか、その描写がありません。ただ彼が話をした後ではクローマーの恐喝はピタリと止まり、道で会っても向こうから避けるような行動を取るようになっていったと書かれています。読者にはそれしかわかりません。ほらみろ、やっぱり小説のご都合主義だと言われるかもしれません、が、そうではありません。作者はそこでとても大事なことを書いていたのです。

作品の大事なポイントは次のところにあります。主人公のシンクレアがクローマーの「いじめ」の対象になったのは、自分がついた「嘘」からなのですが、「嘘」をついたことが問題ではないのです。子どもの頃に「嘘」をつくことなどしょっちゅうあるわけで、それが「問題」になったわけではないのです。つまり「リンゴを盗った」という「嘘」が問題なのではなく、それが「泥棒」だと「見積もり」されたところが問題だったのです。つまり**シンクレアが「法を犯した」と「見なされた」ことが問題**だったのです。

もちろんシンクレアは、そんなつもりは全然なくて、ただの冗談のように、子どもっぽい作り話の「リンゴ取りの冒険」をしただけのつもりだったのに、それが、「泥棒」という「犯罪」を犯したことを認めるようなことになってゆきました。悪いことにその「確認」も取られてしまったのです。

ここが大事なところです。ここで何が起こっていたのかを考えることが大事なのです。シンクレアは「リンゴ盗りの作り話」をしただけなのに、クローマーは、その話を「リンゴ泥棒の話」として、つまり「法を犯す」「泥棒の話」として、つまり**「犯罪者の話」として「確認」をとった**ということなのです。

ここで一つわかるのは、シンクレアはまだ「法」のことがわかっていなかったのに、すでにクローマーは「法の力」を知っていたというところです。ここを見のがしてはいけません。クローマーはすでにこの時、「法の世界」に足を踏み入れる人になっていたのですが、シンクレアはまだ「法の人」の自覚にはほど遠いところにいたのです。

4　デーミアンはどうしていじめを止めることができたのか

シンクレアは追い詰められ、もう自殺するしかないと思ったところに転校生デーミアンがやってきました。そして困っているシンクレアに近づき、事情を聞き、自分が何とかしてあげようという助言をしてくれます。

ここで「文学」を軽視する人は、ご都合主義の話の展開と見るかもしれないのですが、実はデーミアンは、ものすごく当たり前のことをやってのけただけだったと後で気がつきます。それは彼が、かなり年上で「大人の雰囲気」を漂わせていたと何度も書かれていたように、彼はすでに「法の世界」がよくわかるところにいた人だったのです。

だから彼は、シンクレアの陥っている位置がよくわかったと思います。つまり「弱みを握られている」姿について。そこで彼は「救いの手」を差し伸べたのですが、それは作者があえて説明しなくてもわかることだったと推測されます。

デーミアンはどういうことをクローマーにしたのか？　それは、たぶんクローマーがシンクレアから金を脅し取っていることを警察に言う、というような「脅し」です。つまりデーミアンは、クローマーの「弱みを握った」行動をとったと考えられるのです。クローマーがシンクレアにしたのと同じようなことを、今度はクローマーに仕掛けたというわけです。となると、「法の世界」のことがわかっているクローマーは、これはやばいとはっきりと感じたと思います。だからその後では、道で出会ってもこそこそと自分から逃げるようなことになっていたのです。

5 「いじめ」の始まり――「ごめん」ではすまない「子ども法」の世界へ

いじめは「そこ」から始まったのです。「そこ」というのは、「嘘」のことではありません。彼が**「違法なことをした」ことを認めてしまったところ**から始まったのです。つまり「犯罪者」であること、「罪」を犯したものであることを、認めてしまったところから始まっていたのです。

そのことを前提にすれば、「罪」を犯した者は「警察」に突き出してもいいということになります。さらに突き出せば「報酬」がもらえる、ということになれば、なおさら「警察」に言うのが良いことになります。でも、それを黙っていてやる、その代わり、「こちらのいうことを聞くんだぞ」とクローマーは言うわけです。

ここで何が起こっていたかというと、「警察」の意味がよくわかっていたクローマーは、「法」のことがわかっていたことになり、今度は「警察」の「法」ではなく、クローマー自身のつくる法にシンクレアを従わせようと考えたのです。つまり彼とシンクレアだけに適応される法、つまり「掟

＝ローカル法」を制定しようとしたのです。そしてそれは有効に作用してゆきました。クローマーが家の近くに来て口笛を吹けば、それは「金」を持って来いという地獄からの知らせであり、その口笛を聞くたびに、彼は親の財布からお金を持ち出さざるを得なくなっていったのです。

こういう事態に対抗するには**「掟＝ローカル法」に対峙される「公共の法」をしっかりと意識してゆく以外にはない**のです。

多くの子どもたちの間で始まる「いじめ」は、その対象者が「違反」したと認めるところからはじまっているのです。友だち同士の約束を破ったとか、嘘をついた、とか、そういう**「ルール違反」が始まり**です。「だってあの子が約束を破ったんだもの」というわけです。そこで「約束」とか「ルール」というような言葉を使うものですから、子ども同士のたわいのない出来事のように見なされてしまい、シンクレアとクローマーの間に起き上がった出来事とは違うかのように見なされてしまいますが、そんなことはないのです。「ルール違反」の意識から「掟＝ローカル法」の意識までには、あっという間です。

10歳頃から、「約束をし合う」ということが、特別な意味を持ってきます。そしてその「約束」が、いかに子どもたちを拘束し始めるか、そのこともよくわかるようになってきます。すでに**「約束をし合う」こと**が、何かしら小さかった頃とは違った意味の**「拘束の世界」**、つまり**「子ども法」の世界**に入り始めていることを、直感的に感じ始めているからです。

「子ども法」という言葉は聞き慣れない言葉かもしれませんが、「大人法（民法・刑法）」の前段階に関わる重要な存在です。「子ども法」というのは、どこかにそういう「明文化された法」があるのではなく、子どもたちがそのつど必要に応じて自らつくりだす**「ミニチュアの法」**です。それは今までは「掟＝ローカル法」とも言い換えてきました。つまり、この時期になると、自分たちが「法」のつくり手になれることがわかってくるのです。

「子ども法」「掟＝ローカル法」といっても、効果は抜群にあるものです。ここで「法」という言葉を使うと、国家の法（刑法・民法）と紛らわしいので、「ルール」「規則」という言葉を使うほうがふさわしいのではないかと思われるかもしれません。が、そう考えることが良くなかったのです。子ども時代の特徴を**「ルール」や「決まり事」というようなソフトな言葉を使うことで、子ども時代はまだ「法」とは無縁であるかのようなイメージを広げてしまう結果**になっていたからです。ここは研究者たちの大きな罪です。というのもこの「子ども法」「掟＝ローカル法」の自主設定の中に、悪質な**「暴力」の問題も含まれていた**からです。「ルール違反」といえば、聞こえは軽いのですが、実はそれは「子ども法」の意識の中では**「有罪」**ということになり、**「制裁」の対象になる**ものだったからです。

ある子どもが、友だちとの約束を破ったとして、何かの「違反」をしたこととします。まだ「子ども法」の自覚が少ないときは、「ごめん、ごめん」ですむのですが、「子ども法」「掟＝ローカル法」の力が付いてくると、**「ごめん」ではすまされなくなります**。約束破りは「違反者」という規定を受け、その「違反」が「罪」であるように意識され、そこに「罪」の意識が出てくると、それに見合うだけの「罰」を加えるという発想が出てきます。「法の意識」とはそういう流れを求めるようにできているのです。

6　教育の原型に潜むいじめの仕組み——教師が教える「罰」のはじまり

こういう「子ども法」と「罰を与える」仕組みは誰が子どもたちに教えてきたのかというと、**それは学校の教育の仕組みそのもの**であり、それを実践する教師たちだったのです。教育とは、確かに知識を与えるものですので、学習とか学びという言い方をしてきています。そういう言い方をすると、教育はいかにも「法」とは無縁なような「顔」をしていますが、実際にはその「学習」や「学び」には、学習を間違えたものを「罰する」という強制力が常に働いてきました。今でこそ見られませんが、答えを間違えたものは叱責され、笑いものにされるとか、宿題を忘れたものは後ろに立たされるとか、そういう「罰」が加えられていたものです。間違える学習は「罰」の対象だったのです。

もちろんそんなことは戦前の教育でおこなわれていたものだと言われるかも知れませんが、「成績」を付け、「序列」を付けるということは、**学習の遵法度を可視化するソフトな「褒めと罰」**だったのです。教師は、無意識に「遵法」と「違反者への罰」を与えることを「教育」という形で実践していて、それは子どもたちに「子ども法」を意識させるお手本になってきたものです。

4　吉野源三郎『君たちはどう生きるか』——昭和12年のいじめ考

1　「理科の問題」から「道徳の問題」へ

吉野源三郎『君たちはどう生きるか』（一九三七年、岩波文庫一九八二年）は、戦前の古い本なのに、羽賀翔一氏によって漫画化され、またニュース解説でお馴染みの池上彰さんが「ＮＨＫ１００分で名著」でこの本を取り上げ、さらには、宮崎駿氏のアニメのタイトルにも使うように予告され、一気に多くの人に知られる本になりました。でも、著名な方が、そんなに持ち上げておられるような優れた本では決してありません。

この本には二つのことが取り上げられています。一つは、「理科」の問題、もう一つは「社会科」の発想つまり「いじめ」を考える問題です。ここでは、「理科」の話は、関心事がそれますので横に置いておきます（詳しくは拙著『君たちはどう生きるか』に異論あり！』参照のこと）。

作品の主な登場人物。

時代は昭和十二年という「古い」時代なので、現代と状況は違うのですが、それでも15歳（中学2年生）の生徒たちの抱えている問題は、今もあまり変わりません。ただ、登場人物の家柄は、作品を理解する上でとても大事なので、先に紹介しておきます。
コペル君（本田潤一のあだ名。父は故人　元銀行の重役）
水谷君（父は財閥で実業界の代表）
北見君（父は予備の陸軍大佐）
浦川君（父は貧しい豆腐屋）
山口（浦川君を執拗にいじめる生徒）とその仲間
黒川（上級生のボス）とその仲間
叔父さん（コペル君の母の弟　物語の節目節目に父代わりを意識してか少し「先生っぽい」手紙をコペル君に出す）

2　「油揚事件」と「勇ましき友」

まず二章「勇ましき友」で、「油揚事件」と作中で呼ばれる事件が描写されます。山口（作中では呼び捨て）が、授業中よく居眠りをし、ちょっとのろまなところのある豆腐屋の浦川君（作中では君づけ）に、「油揚の臭いがする」といって「油揚」とあだ名を付けて、仲間同士であざ笑うことを続けています。ある日「クラス会」の出し物を決めることになり、山口とその仲間たちは、「あぶらげに演説させろ」という「メモ用紙」を回します。浦川君に演説させてあたふたするところをみんなでからかおうという魂胆です。でもその回されている「メモ書き」を見ても、浦川君は

笑います。「アブラゲ」が誰のことかわからない。そんな浦川君をみて、山口たちは、さらに面白がり、あざ

その様子を見かねた北見君（作中では君づけ）が「山口、卑怯だぞ！」「弱い者いじめはよせ！」と言いながら詰め寄ります。当の山口は「へえだ！　こっちはしらないや」「余計なお世話だい」といって、しらばっくれるので、北見君が山口のほっぺたを平手打ちします。それで山口が北見君の顔につばを吐きかけ、それで二人が取っ組み合いの喧嘩をすることになります。

そこに先生が現れ、浦川、北見、山口の三人を残して事情を聞くことになりました。浦川君が喧嘩の顚末を細かく話をしたので、先生は山口をたいそう叱り、北見君は叱られなかったということでした。

ここまで読めば、山口はひどいいじめっ子で、北見君は正義感あふれる生徒だなあと読者は誰でも思います。そもそも、北見君や浦川君は「君づけ」で呼ばれているのに「山口」は呼び捨てです（漫画では一目見ただけで悪そうな印象を与えるように描かれています）から、わかりやすいです。コペル君が、この「油揚事件」を記録しているから、そうなっているのだと思ってはいけません。物語を記述しているのは、コペル君ではなく、第三者つまり作者＝吉野源三郎なので、作者が事件の顚末を記述するときに、すでに「君づけ」するものと「呼び捨て」にするものとを分けているのです。なので、読者には、自分で判断する前に、誰が「悪い者」で誰が「善い者」かが、先にわかるようにされてしまっています。こういうやりかたは、よくありません。それにもかかわらず、

本の題は「君たちはどう生きるか」というふうに、いかにも読者に自分の判断を求めているかのようにしています。白いパンと黒パンを見せて、どちらが黒いかと聞いているようなものです。

このあと休みの続く浦川君に、コペル君がお見舞いに行く物語が語られます（四章「貧しき友」）。それでコペル君は、はじめて墓地の近くの細い路地の入り組んだところにある長屋の中の浦川君の家を尋ねます。そして彼の家がとても貧しい豆腐屋で、留守をしている父の代わりに、油揚を揚げる手伝いをしている彼の姿に出会います。風邪を引いて休んでいたわけではなかったのです。そこで彼の屈託のない母親と話をし、彼の働きが一家を支えていることをつぶさに知ることになります。彼が授業中、居眠りをしがちだったのは、家に帰るとこういう仕事をしていたからでした。

コペル君は浦川君とうち解けて話をする中で、彼の父が、店の資金を調達するために、遠くの親戚まで出かけていることを知ります。そして一家で仕事をしなければ暮らしていけない、貧しい暮らしぶりであることを知らされます。そして最初の「油揚事件」は、この浦川君の貧しい生活があって、起こっていたのだということに読者は気がつきます。

つまり二章で、山口たちは、この浦川君の豆腐屋の稼業を嗅ぎつけ、そこに鋭く「貧しさの臭い」を嗅ぎ取っていたのです。「油揚」の臭いは、「貧しさの臭い」の象徴みたいなものとしてありました。事実コペル君も「油揚」は嫌いで、こう書かれていました。「油揚というものは、コペル君はめったにたべたことがありません。時たまお膳にのぼることがあっても、たいてい、箸をつけずにしまいます。どうもコペル君には好きになれないものの一つでした」（岩波文庫、33頁）と。

こういうコペル君でも嫌な感じがするものを、山口たちは、表だってあざ笑う対象にしていたということだったのです。コペル君も、山口たちも、共に「油揚」は嫌いだったのです。

しかし事情は、ただそれだけで終わりませんでした。作品にはこう書かれていたからです。

3 「貧しい」ということ

「こんなに、みんなが浦川君を馬鹿にするのは、浦川君の恰好がおかしいためとか、学業があまり出来ないためとかというほかに、もう一つその理由がありました。それは、浦川君の身なりとか、持物とか、——いや、浦川君の笑い方や口のきき方まで、すべてが貧乏臭く、田舎染みているということとです。浦川君のうちは豆腐屋さんでした。ところが、同級の生徒は、たいてい、有名な実業家や役人や、大学教授、医者、弁護士などの子供たちでした。その中にまじると、浦川君の育ちは、どうしても争えませんでした。浦川君のように、洗濯屋に出さずにうちで洗濯したカラーをしていたり、古手拭を半分に切ってハンケチにしている者は、ほかには一人もありませんでした。

神宮球場の話が出ても、浦川君の知っているのは外野席ばかりで、内野席のことは話が出来ません。活動写真だって、浦川君は場末の活動写真館しか知りませんが、同級のみんながゆくところは、市内で一流の映画館ばかりです。銀座などへは、浦川君は二年に一遍もゆくか、ゆかないか、ほとんど何も知っていませんし、まして、避暑地やスキー場や温泉場の話となると、浦川君は、てんで

一言だって口をきくことが出来ません。さびしく仲間はずれになっているより仕方がありませんでした。」（37～38頁）

恐ろしいことがさらりと書かれている場面です。おそらくこの作品の中で最も大事なことが書かれているところです。山口らは、ただ面白がって浦川君を嘲っていたのではなく、否応なく眼に入る彼の身分的な差、経済的な差、服装や食べ物や趣味の差に対して、それをからかわずにはいられなかったのです。しかし、それにしても、作者はどうして一つの教室に、これほど身分や経済状況の違う生徒を同席させたのか、とても気になります。そういう身分の異なる者の同席は、排斥や蔑視のきっかけになるのは目に見えていたからです。

もちろん、作者は、このような「異種」に見えるものの存在と共生しなくてはならなくなった時に、「君たちはどう生きるか」と問いたいがために、あえてそういう設定をしたのだと考えたいところです。が、それにしても、わざとらしい設定だと思わないわけにはいきません。

結局こういうわざとらしい設定の中で、どういうことをすればいいのかということになると、それは人一倍「正義感」の強い北見君が、「卑怯だぞ」とか「弱い者いじめは止めろ」と言いながら、張本人の山口に詰め寄り、あとは喧嘩になり、ことの顚末を事情聴取した先生によって、悪者の山口がたいそう叱られることになるという結末をつくることです。

一見すると、善い終わり方のように見えますが、作者に都合の良いように、事件が終わらされている感じが目につきます。というのも、山口をやっつける北見君が出てこないと、この教室ではただ**浦川君がいつまでもいじめ続けられることになるのは目に見えていた**からです。となると、私たちは問わなくてはならなくなります。いったい北見君とは何者なのかと。なぜ彼は山口を懲らしめることができたのかと。

　それは作品の設定にすでに理由が示されていました。北見君の「父」が「予備の陸軍大佐」とされているところです。予備とは「予備役」のことだと思われるのですが、その陸軍大佐だというのです。だから、その息子である北見君も、父の威厳を感じながら、行動できている生徒だったということです。普通に正義感の強い生徒という設定ではなかったのです。つまり作者は、特別な地位を背後に持った生徒を設定し、その生徒に「卑怯者」を懲らしめさせていたのです。こういう設定は、いかにもご都合主義だと思えます。そういう特別な生徒でないと、山口のいじめを止めることができないようになっていたからです。

　ここで作者が、「君たち」も「北見君」のように振る舞ってくれることを望むと考えていたとしたら、あまりにも、都合のいいことを考えていたと思います。そんなことは誰にもできないからです。というのも、「北見君」のお父さんは「陸軍大佐」であり、その親の威光を背中に負って行動するということは、他のひとにはできないことだったからです。すでにコペル君だって、「油揚」は「食べられない」ものでした。そんなコペル君にとって、同じように「油揚」を嫌う山口たちに、どうやって文句を言うことができたのかということになります。このことの意味は、後に起こる、

「雪の日の出来事」によって、より一層わかることになります。

4　何が「解決」なのか――この作品の重大な欠陥

この作品には重大な欠陥があります。というのも、**出来事の解決に、どうしても「腕力」に頼っているところがある**からです。さいしょの「油揚事件」による「いじめ」の解決も、陸軍大佐の息子という傘を背負った北見君の「平手打ち」から始まっていたわけで、たしかにそれ自体は勇気のある行動なのですが、ではこの教室に、こうした陸軍大佐の息子がいなければどうなっていたのかといえば、いつまでも浦川君に悪ふざけをする陰湿な「いじめ」はずっと続いていたと思われるのです。それをコペル君が止められたかというと、そんなこともできていないのです。怖がりで、なおかつ「油揚」の嫌いなコペル君に、どうして「山口ら」を止めることができたでしょうか。

ただ作品の優れていたのは、この浦川君の家にコペル君が見舞いに行って、彼の家の貧しい暮らしぶりを読者に紹介できているところです。でも、作品をよく読むと、なぜコペル君が浦川君の家に見舞いに行ったのかというと、山口と北見君の喧嘩のときに、この浦川君が中に割って入り、そのことがきっかけで、浦川君のことを気に留めていたということがあったのです。もし、コペル君が北見君と友人でなければ、あの「油揚事件」の時の喧嘩にもそんなに注意を払わなかったかもしれないし、ましてやそこに止めに入った浦川君のことにも気を止めなかったかもしれません。つまり、何が言いたいのかというと、そもそも、コペル君と浦川君の間には、コペル君から関わる動機が何一つなかったということなのです。それなのに、彼は二、三日休んでいる浦川君が気になって「見舞い」を兼ねて自宅をさがしていったという筋書きになっています。そして、そこで貧しい暮らしの浦川君に出会っていたので、それがいかにもコペル君らしい「善意の人」のような印象を与えているのですが、ここでの「善意の人」の印象は、作者が少し強引に付けているような印象を与えます。

何度も言いますが、コペル君の浦川君への関心は北見君との関係で生まれているもので、実は「北見君の持つ力」こそが、この物語の本当の原動力になっていたものなのです。その証拠に最後の雪合戦の事件でも、北見君が中心の事件でした。そして、事件の「終わり」はどのようになっているかというと、北見君の親の「陸軍大佐」を中心に、「有力財閥」の親が学校に押しかけ、結局「権威の力」や「財閥の力」を借りて、上級生を停学にさせたりしているのです。でもこういう「制裁」が可能なのは、やられた生徒の親に「武力」や「財閥」の力があってのことでした。**そういう力をもたない生徒たちは、結局は泣き寝入りをするしかなく、学校内の「力」あるものの言い分を通しながら過ごすしかない**のです。

そういう意味を踏まえてこの作品を見てみると、ここでいかにも「解決」されているかのように見えることは、実はただ「力」あるものに頼るだけで、なにも生徒同士で解決できていたわけではないことがわかります。ナポレオンの「英雄主義」が語られたりするのも、結局はこの「力」に頼る精神がそこでつながっていたからです（そのことについても『「君たちはどう生きるか」に異論あり』

に詳しく分析しています）。

そして最後にコペル君は寝込むほど悩むことになります。それは、いかにも友達との「誓い」や「友情」をめぐってなされている問題のように見えていますが、そうではないと思います。はっきり言えば、力に対して力で立ち向かう解決法への、コペル君の正直な恐れや悩みの問題を扱っていたのだと思います。そういうコペル君の恐れ、悩みは当然のことであって、そこに「誓い」や「友情」の問題を重ねてしまうのは、とっても間違っていると私は思います。こういう状況の詳しい分析も『「君たちはどう生きるか」に異論あり！』に書いています。

最後に、この作品を本当に「古いな」と思ったのは、「油揚事件」の喧嘩のあと、級長の川瀬、北見君、山口の三人だけを教室に残し、あとの者はみんな運動場に出したところです。「油揚事件」は、クラスの中全員が「アブラゲに演説させろ」という紙を回す中で起こっていたことなのに、喧嘩の当事者と学級委員だけを呼んで話を聞き、山口だけをひどく叱って終わらせていたのです。結局「事件」は「みんな」のしたことにはならず、「みんな」で話をする出来事にもなりませんでした。

こんな昔の作品に、そこまでのことを求めるのは、無茶というか、無い物ねだりだと言われるかも知れません。だからこそ、この作品は「古い」と私は指摘するのですが、でもこういうふうに**一部の生徒だけを呼んで指導したり、カウンセリングをする先生たち**は今でもおられますし、その点では、昔とちっとも変わらない「古い」ことをしている学校があるということは指摘しておかなくてはなりません。そして、こういう「古い」本をあたかも新しい本であるかのように、今さら紹介する池上彰氏のような人もいるのですから、「古い」ものが「いい物」のように言われて残り続けるのは良くないと思います。

5 柏原兵三『長い道』――いじめの「政治学」、グループの抗争

1 小説、漫画、映画

『長い道』（一九六九年）は「いじめ」の理解を深めたい人には、欠かせない一級の文学作品です。著者にとっては、これで芥川賞を受賞できると思っていたほどの自信作でした（実際には『徳山道助の帰郷』で第58回の芥川賞を受賞）が、残念ながら適切な批評には恵まれてきませんでした。題材が「子ども」だったので、「大人」の読み物としての評価をしてもらえなかったのかもしれません。再評価のきっかけになったのは、漫画家の藤子不二雄Aが、自分の富山への疎開体験をぴったり言い当てている作品として『長い道』を読み、それを原作にして『少年時代』（一九七八－七九『週刊少年マガジン』連載）という漫画を書いたことです。さらにこの漫画を元に、脚本・山田太一、監督・篠田正浩の映画『少年時代』（一九九〇年）が公開され、またその映画の主題歌「少年時代」

を井上陽水が歌って大ヒットさせたので、有名にはなりました。でも、それ以上に原作まで読んで批評する人はほとんど出てきませんでした。

この作品は作者が戦時中の疎開の実体験が元になっています。小学生5年から6年にかけての時でした。この作品が『長い道』と題されていたのは、疎開した富山の海辺の村から、立山連峰を見ながら学校まで歩いて行く道のりの長さを表していたからですが、同時に、この道中で受け続けた数々の屈辱的ないじめの試練、その心の痛みの長さをも表しています。それだけではなく、その体験を十七年後の27歳の頃同人誌に書き始めることになるわけで、そこまでの長い時間、この体験を暖めていたことの「長さ」も表しています。

中井久夫氏が、いじめられたときのことを昨日のように覚えていると言われることとよく似ています。漫画にした藤子不二雄A氏も、自分の体験が忘れられなかったからだと思います。その「いじめ」の体験は、それを体験した人にとって、消えることのないまさに「長い道」の体験だったのだと思います。作者にとっては、この作品の題名はいかに平凡に見えようとも「長い道」以外にはなかったように思われます。

2 ヘルマン・ヘッセ、柏原兵三、中井久夫

作品を紹介する前に、どうしても先に言っておかなくてはならないことがあります。それは作者の柏原兵三がドイツ文学の研究者で、中学時代にヘッセに最も感化されたと語っているところです。

彼はこう書いていました。

「まず初めにヘルマン・ヘッセの『車輪の下』が私の愛読書になった。その当時私はこの小説を何度読んだかわからない。」

「私はその頃古本で手に入る限りのヘッセを全部読んでしまったが、その中で一番衝撃を与えられたのは『デミアン』だったろう。この作品を通じて、『車輪の下』、『春の嵐』（原題『ゲルトルート』）、『青春は美わし』、『クヌルプ』などを書いた青春作家ヘッセとは別のヘッセを私は知ったのだ。」

「この小説を読んだあと、私は自分自身と自分自身を取り囲む世界が確実に変ってしまっていることを感じた。

『デミアン』熱はたちまち私の友だちのヘッセ傾倒者たちの間に伝染した。この小説を読んだ前と後の世界の変りようを私たちは共通して体験していた。もしかするとこれ程衝撃的な印象を与えられた小説を、その後私は他にそれ程たくさん読んでいないかも知れない。」

「ヘッセと私」（『柏原兵三作品集7』潮出版社、一九七四年）

柏原兵三は、そのあと「小学校五年の時に疎開で別れ別れになった親しい友人と文通を続けていたが、この小説を読むとすぐに手紙を書き彼にも一読を励めないではいられなくなった。」と書き、その友人もこの小説を読み長い感想の手紙をくれたということをわざわざ書いていました。「その長文の手紙を私は今でも記念に保存して持っている」と。

なぜ『デミアン』の思い出のことを書くエッセイに、疎開時代の友人にこの小説をすすめたことをわざわざ書きつけていたのかということです。それは、『デミアン』に、自分の疎開時代に体験した壮絶な「いじめ」の苦悩と同質のものが書かれていると感じたからだと思われます。だから自分一人の読書体験にしてしまわないで、わざわざ疎開の時の友人に紹介したのだと思われるのです。ということは、この『長い道』は『デミアン』との出会いがなければ、書かれなかったかもしれないということです。それほど重要な役目を『デミアン』が果たしていたということを、まず覚えておきたいと思います。

もう一つ大事なことは、この『長い道』の作者・柏原兵三（一九三三年十一月生まれ）が、「いじめの政治学」『いじめのある世界に生きる君たちへ』を表した中井久夫（一九三四年一月生まれ）とほぼ同じ年だということです。中井久夫も戦時中受けた惨めで屈辱的な「いじめ」体験をずっと心に秘めていました。

この二人の生年月日が、これほどまでに近いということと、二人の「いじめ」の考察が、方や小説で、方やエッセイとスタイルは違えど、深いところまでのぞき込むようになされていたことには、偶然にしろ戦争の末期を秀才として生きた人の、特有の感受性と苦悩がかかわっていたようにも思われます。そのことを忘れないように、私の考察を進めてゆきたいと思います。

3　小説『長い道』のあらすじ

物語の舞台は、戦時中の富山県の海辺の村です。そこは作者の父の実家のあるところで、主人公・杉村潔（小学5年）は、東京の空襲を避けるために昭和十九年九月、一人、そこに疎開することになります。そして翌年の八月、終戦を迎え、九月に東京へ帰ることになります。物語はその1年の疎開生活を描いたものですが、それは作者の実際の疎開生活と重なっているものです。なので、ここで描かれた「いじめ」のさまざまな姿は、作者自身の体験したことが色づけされてはいてもリアルに再現されています。

現場を見てもいない私がなぜそういうことが言えるのかというと、作者の疎開時に一緒に過ごした富山の同級生たちが、作品には当時の状況がそっくり描かれているとびっくりしているからです。作者の尋常ではない記憶力にも同級生たちは驚かされたことが「同窓会」という作品に描かれています。もちろん作者の記憶が異常に優れていたこともあるでしょうが、この異様な体験は彼の心に深く刻み込まれていて、何度も心の中で反芻され、忘れられないものになっていたからではないかと私は思います。

それでも作品は、ノンフィクションではなく物語であり文学なのです。その文学から読み取れるものを見つめたいと思います。

4　二人の「級長」――支配と服従、作品の基本的な構造

物語は、都会育ちの少年・杉村潔と、疎開先の小学校の級長・竹下進、この二人が中心に展開されます。

田舎の小学校の子どもたちは、この都会からの転校生を奇異な目で見ています。半ズボンをはき、ランドセルを背負い、革靴を履き、さらに都会の学校では級長をしていたというのですから、みんなが好奇心いっぱいに見るのは当然です。

「転校生」を扱った小説なら宮沢賢治『風の又三郎』や新美南吉『嘘』などがあるわけですが、この『長い道』のように、「都会の級長」と「田舎の級長」を対比させているのは、この作品がはじめてです。そして実は、この設定がとても大事なものになっています。

「級長」という存在は、「序列化の頂点」に立つ存在です。それは、ただの「集まり」の「長」ではなく、**「序列化」されたものの「長」**なのです。そして実は、この「長」の問題は、国家や地方の共同体、会社や学校、町内会、クラブやサークルの組織、はたまたやくざや不良のグループまで、あらゆる組織について回る問題としてあるものです。そしてその「長」が存在するところには、「序列化」をめぐる厳しい「争い」が常にあるのです。さらにまた**「長」のいるところには「支配」と「服従」の仕組みがかならずある**のです。

この物語も、「田舎の級長」のいるところに、「都会の級長」がやってきたところからはじまり、

「序列化」と「支配」と「服従」を巡って展開されてゆきます。でも、「都会の級長」がやってこないときは、「田舎の級長」は平穏だったのかというと、そういうわけではありませんでした。その学校には「副級長」という制度があって、転校生、潔がやってきたクラスにも「副級長・須藤昇」がいました。でも、潔が来た時には病気で休んでいたのです。そして、その副級長の代わりを、先生の希望もあり、都会の級長の潔がするようになります。このために、子ども同士の間でややこしいことが起こり始めます。「本当の級長は誰か」というような問題です。

今でなら「級長」とはいわず、「学級委員」とか「学級委員長」とか呼び、選挙で選ばれたりするのですが、こうした村の学校の「級長」は、そういうものではありません。そもそも「序列化」でもって決められる「長」は、そういうものではありませんでした。そこには「利害関係」が深く関係していたからです。

さらに、「級長」の役目として、「浜見」「野見」「山見」と分かれる子どもたちの在所のグループそれぞれに、にらみをきかせ、統率する力を持っていなければなりませんでした。進と潔は「浜見」の出身でした。

5 「級長」と家来――田舎なりの「法の人」になるための試練

利害関係とは、上下関係であり、服従の関係でもあります。事実、ここでの級長であった進は、「服従」のあかしにみんなに「貢ぎ物」をもってこさせています。「級長」であるとはそういうことのできる位置にいることであり、そういう位置にいることを示すためにも、あえてそういうこと、つまり服従と貢ぎ物をさせていたのです。これは子どもたちが子どもたちなりに**学習してゆく「掟」のプロセス**です。

子どもたちは「大人（法の人）」になる前に、世間に「掟」というものがあることを学びます。そして「掟の人」になる試練を受けます。それは、自分たちで創り出した仲間内でだけで通用する「掟」に従う試練です。「掟」の学びは、「大人（法の人）」になるための大事なプロセスだったのです。「級長」であり続けるためには、そういう試練を受けさせる「権力」を手に入れることでありました。そして、服従と貢ぎ物をさせる「掟」と「権力」の背後には「暴力」が潜んでいたのです。

この田舎の「掟」のことを理解するには、東京での「級長」の位置との比較をしてみる必要があります。潔も東京で「級長」をしていたのですが、その都会の級長の位置と、田舎の級長の位置は違っていました。進の級長の位置は、「物」の貢ぎ物を伴う「古代の長」の位置に属していたのですが、「知力」できめる「近代の長」の優位性とはまた違っていました。**「古代の長」は「物の権力」を基盤**にしていたのです。そのことがはっきりわかるのは、病気で休んでいた副級長・須藤昇がまたクラスに戻って来たときでした。**「近代の長」は「知の権力」を基盤**にしているのですが、そのことは後に取り上げましょう。

ここでは、物語の展開として、「長い道」でどのようないじめが行なわれたのかを示しておきます。子どもたちは毎朝隊列を組んで並んで登校するのですが、当然ボスの進が先頭です。そして彼に貢ぎ物などをして気に入られたものは、彼の近くを歩くことができます。が彼の怒りを買ったものは、みんなとは離れた後ろを歩かなくてはなりません。序列があるのです。その序列もボスの気分一つで毎日入れ替わります。

潔も、はじめは進と並んで歩く位置を与えられていたのに、ちょっとしたことで、序列の最後に追いやられます。それは潔が先生に呼ばれて、職員室に行ったとか、同じ疎開者の親戚の女の子と喋っていたとか、そういうことですが、何でもできるはずのボスが自分のできそうにもないことを潔がしているとわかった時点で、ボスの機嫌は損なわれ、それは罰の対象にされたのです。

ここでの「掟」は「進より上は許さない」というものなので、少しでもその気配が感じられたら、有無もなく「罰」が待っているのでした。その「罰」は、登校途中や教室の中で「あーあ、あーあ」という嘲りのかけ声からはじまり、軍歌の替え歌でなじり、冷やかすという、共同歩調を取るやり方で実施されます。直接に進が、表にでてするというのではなく、進を取り巻く者たちが、進の意向を察知して、共同の歩調を取るのです。そうなると、登校でも下校でも、その囃し立て歌、嘲り歌にじっと耐えて、一番後ろをひとりぼっちで歩かなくてはなりません。

それだけのことなら、都会の転校生が田舎で「仲間はずれ」にされた話で終わるのですが、そういうふうには作品はなっていないのです。進は「級長」だけあって、成績もトップだったとされています。それで、彼は都会から来たこの新しい知識を持っている潔と仲良くして、中学受験に向けて刺激を受けたいとも強く思っているのです。

特に進が潔の家を訪れたときに、潔が東京から持ってきた講談本がものすごく気に入ってしまいます。そしてそれを貸して貰えることになり、とても喜びます。でもそういう仲の良さは、進が潔の家に行ったときだけで、みんなの中では、決して仲の良さは見せません。みんなの中では進がトップであり、彼と並ぶようなもう一人のボスをみんなには見せられなかったのです。

それでも登校下校の時、進の隣に潔が並んで歩くことを許すときがあります。それは、潔がすでに東京で読んでいた講談の本の粗筋を歩きながら進に語って聞かせるように命令したときでした。そういう「並び」なら、トップの座が脅かされることではなく、潔が進に服従しながら歩いていることをみんなにも見せつけることができていたからです。

進と潔の個人的な付き合いと、仲間の中での序列化の中での付き合いは、進の中でははっきりと分けられているのに、潔はそういう線引きがどうしてできるのか、納得がいかないことが多々あって、苦しみ悩みます。

そんな中で、潔が一人で隣町に行ってそこのグループに捕まりそうになった時に、進が助けに来てくれたり、進の家の舟に、特別に乗せて沖に連れて行ってくれたりと、個人的な付き合いでの二人の親密性はなくなることはありませんでした。この隣町での出来事の中で、二人が写真館で記念写真を撮ったことが作中では描かれています。映画でも大事な場面でした。でもそれまでの二人の奇妙な関係からして、そんなことは現実にあったわけではないだろう、それはフィクションだろうと私は思っていたのですが、実際に二人で撮った写真が残っているのを後に知って、本当にびっくりしたものです。

ところでこの作品のすぐれたところは、疎開の子どもが田舎の子にいじめを受けたというふうな展開で終わらせようとしていないところです。特に、**集団の「掟」と二人の「親密性」の間で揺れ動く少年たちの細かい心の襞**がよく捉えられ、描き込まれているところはみごととしか言いようがありません。

そんな中、事態は、このあと少しずつ、進の思惑とは違った方向に動き出してゆきます。きっかけは、勤労奉仕の農作業のあと、川でスコップを洗っていたときに、進のスコップが流されたときでした。スコップは貴重なもので、それを管理するのも級長の大事な役目でした。その級長が自らスコップを失ってしまったとなると、責任問題にもなり大変なことになります。そこで、進は手分けして、川の中を探すように命令します。しかし川の水は冷たいので、川の中に入って探す者がいません。悪いことに雨も降ってきて、川の水かさも増えてますます探すのが難しくなってきているのに、進は無理矢理にみんなを川に入らせて探させようとします。みんなは、自分は冷たい川に入らず人にばかりさせると、公然と不満を言うようになります。ここで、潮目が変わってきたのです。その変わり目は進にも感じられました。進は次の日に反抗的だった何人かを殴ったりしたのですが、形勢は進の不利なところに向けて動いてゆくだけでした。

ボスが理にかなった命令をしているうちはみんなはついてくるのですが、誰が見ても無理難題を押しつけているとわかれば、心は離れてゆくものです。そうして今まで、進に殴られたり、貢ぎ物をさせられたりしていていた者たちが、それぞれの在所に分かれて集まり、反旗を翻すことになってゆきます。すでに、副級長の須藤も教室に戻ってきていて、みんなの不満の受け皿になっていました。

6　進がみんなから殴られる

次の日、運動場の片隅で、在所の違う「野見」と「山見」のグループが中心になって進を取り囲みました。事態の変化を察知した進は覚悟を決めたみたいで、顔はこわばりながらもポケットから喧嘩用の剣鍔《つば》を取り出し握りしめるのですが、みんなに取り巻かれ、「やるか」と言ったものの多勢に無勢ということもわかり、とうとうみんなの前で泣き出してしまいます。勝敗はこの時ついたのです。副級長の昇が、進の顔面を殴り、みんなも代わる代わる彼を殴ったり蹴ったりしました。前歯の折られた進は「みんなで寄ってたかって俺を殺す気か」と叫ぶのですが、今まで積もりに積もっていた不平不満は収まらず、昇は「まだ序の口じゃ」といいながら彼を蹴って田んぼに突き落とします。そのリンチはしばらく続きました。

その日からというもの、進の威厳は地に落ち、誰からも口をきいて貰えず、相手にされない日が続きます。登校下校の時でも、彼はみんなの一番あとからついて歩くだけになりました。彼がそれまでみんなにしてきたことをそっくりそのまま、彼がされているのです。

ではその後教室に平穏無事な日が戻って来たかというとそうではなく、いままで進に押さえつけられて、何もできなかった者たちの中から、「腕力」のあるものが、権力者として出てきたのです。そして、潔がかつて進と親しかったことをネタにして、そして彼だけが進を殴らなかったことを理由にして、潔もまたみんなから仲間はずれをされることになります。特に松と呼ばれた粗暴ものは、短刀をいつもちらつかせていて、恐ろしい存在でした。そして進に変わって、今度は松が潔に講談本の話をするように脅迫してくるのでした。子どもたちのボスは交代したのですが、事態は少しも変わらなかったのです。

7 『長い道』は「思い出の書」ではない

『長い道』は作者の実際の疎開の体験を元にしているので、いかにも「思い出の書」のように読まれたり、なかには当時いじめられた悔しい体験への「仕返し」に書いているのだといった批評が書かれたこともありました。最初の動機にはそういうことがあったかもしれません。あって当然だと思います。作家は誰でも「ペン」で仕返しや復讐や異議申し立てをするものだからです。しかし長い時間を掛けて「作品」として練り上げられたものは、動機としてあった「仕返し」や「復讐」を越えて、多くの人の立場をできるだけ公平に描こうとするものになってゆくものです。この作品もそうでした。

柏原兵三は「現代にとって文学とは何か」(『柏原兵三作品集7』潮出版社、一九七四年)の中で、この作品を書くことになった動機のいったんについて次のように書いていました。

私は戦争中一年半ばかり、父の郷里に縁故疎開をしていた。その縁故疎開地の子供の世界で、しかし私は他所者《よそもの》としての扱いを受け、土地の子供たちのいい嬲《なぶ》り者になる日日を経験した。その経験を元にして、私は人間の政治的状況の象徴図となるような小説を書こうと企て、その企ては、一年半ばかり前、作品の実際の出来不出来は一応別として「長い道」という長篇小説になった。

ところで数年前父の故郷に行った私を囲んで、昔の同級生たちが同級会を開いてくれたことがある。私は昔の同級生たちにはほとんど二十数年ぶりに再会したのだが、彼らの名前、仇名、いろいろなエピソードをほとんど完全に覚えていたので、みんなはまったく意外だったらしい。

（176頁）

ここで「**人間の政治的状況の象徴図となるような小説を書こう**と企て」たという認識がとても大事だと思います。この一行で、この作品が、学徒疎開や子ども世界を描いているように見えて、でも作品の狙いは別なところにあったのだということがよくわかるからです。

作者からすれば、ここには「よそ者」や「過去の記憶」、「それぞれの現実が違う」といったことも描いていたのでしょうが、作品を読んで読者が実際に感じたことはそういうことではありませんでした。というのも、この作品から受ける圧倒的な印象は、**子どもたちのつくる「掟の世界」の堅固さ**であり、その世界に「あとから」入ることの難しさであり、その堅固につくられる世界も、別な「掟の世界」が台頭すると、**もろくも崩れる時が来る**という流れです。

こういう状況を、もし大きな視野で見たら、一人の独裁的な政治世界の堅固さが描かれるとともに、その堅固な独裁も、その非情さ、その身勝手さから信頼を失い、一気に崩壊する様子が描かれていると見ることもできます。そしてその独裁体制の崩壊の次に来るものは、また似たような**別の独裁者の君臨**というような状況です。

そして、この作品で描かれているのは、政治圏で、絶対者、独裁者として振る舞う冷血漢も、親密圏では、とても親切で、思いやりがある、暖かい人柄として登場するという、これまた**哀しい人間世界の仕組み**です。

作品には、そういう独裁者にすり寄り、気に入られるためには何でも言うことをきく取り巻きが描かれます。また、そういうふうにしないと生きてゆけない時代でもありました。主人公の潔もその一人ですが、でもそれを良しと思うことはなく、みんなはそれを「屈辱」のように思っています。そういう**取り巻きの子どもたちの屈折した心の動き**も、よく描かれています。

作者、柏原兵三の存命中は、東西冷戦の時代で、**スターリンの独裁**は際立った悪評をひろげていました。でも作者の死後、一九九〇年代には、東ヨーロッパの各国で、独裁体制が崩壊してゆくことになりました。おそらく、そういう時代の流れを『長い道』は暗示して描いているところもあっ

柏原兵三『長い道』のモデルになった進少年(左)と柏原兵三(右)(写真提供:柏原光太郎・桂書房)

たと思われます。もちろん『長い道』は、子どもの世界を描いていて、そういう世界が、スターリンの独裁世界と比較されるのは行き過ぎだと思う人がいるかもしれませんが、そんなことはないのです。共に独裁的な「掟の世界」に君臨する者の姿を描いていて、その世界に共通する非情さを感知できなければ、この小説の豊かさを味わったことにはならないからです。

以上のことを考えると、この作品は疎開時代の「いじめ」の「思い出」をただ少し脚色したノンフィクション風に書こうとした、というような作品でなかったことがよくわかります。大きなテーマは、たかが子どもの世界のように見えるところにも、閉ざされた「掟の支配する世界」とその「崩壊の過程」があるということ、そしてそこをきちんと描くことが、大人の政治世界の仕組みを知ることにつながるということ、そこのところにあったと思います。

最後に少し気になるところを書いておきます。それは、この作品が作者の実体験に基づくものであるとしたら、ここで描かれた圧倒的に不気味で魅力的な「進」という人物は、その後どうなったのかという疑問です。そもそも、最後は前歯を折られるくらいの凄惨なリンチを受けたこの「独裁者」の描かれ方は、もしモデルがいるとしたら、抗議を受けるのではないかと思われるほどリアルなものでした。そして実際にモデルはいたわけです。写真の背の低いほうが「進」のモデルの少年です。小説『長い道』の最後の行は、この一枚の写真の二人の少年に触れて終わっています。

「僕はもの憂い、浮かない顔をしている。進は鋭い目を光らせて、直立不動の姿勢で立っている。級長として号令をかける時にとる、あの姿勢である……」

この「進」のモデルになった級長は、その後早稲田大学に進学しています。やはり優れた賢い少年だったと思われます。ところが卒業を控え、銀行に就職も内定していたのに、一時帰郷していた故郷で交通事故に遭って亡くなっていたのです（「人間柏原兵三とモデル達」木内哲子『浸蝕』桂書房、一九八四）。彼が生きていたら、これほど生々しく情景が描けて発表できたかどうかはわからないのですが、でも実際にこうして作品は発表され残されてきたのです。日本文学の宝物と言ってよい作品です。

第4章　立法として制定された「いじめ防止対策推進法」異論

1　文学作品から学んだこと

大事な文学作品を見てきました。しかしここでは、そういう文学の文学批評をすることが目的ではありませんでした。それらの文学作品に描かれたいじめの発生や実行の仕方を丁寧にたどり直し、そこから、現実の凄惨ないじめに対抗できる具体的なプランを考察することが狙いとしてあったからです。そしてその具体的なプランを、「教室に広場をつくる」という提案としてとりだしてきました。**「広場」とは何か。「公共の場」というものです。その「広場＝公共の場」を教室につくろうという提案です。**

しかし提案の趣旨はおわかりいただけたとしても、そういう「広場」をどういうふうに「教室」

につくればいいのかということについては、まだ前例がないものですから、いろいろと考えなくてはなりません。ともあれ「広場」の出発点は、文学作品の主人公たちが、子ども同士で作る「掟」と、その規定に違反したことで「罰」を受けるという仕組みに閉じ込められていた、というところを、まずしっかりと確認することからはじまります。とくに凄惨なリンチや自死を誘うように展開される「いじめ」は、子ども同士のつくる「掟」が「法の力」のように作用し、主人公たちを追い詰めてゆくところで生じてゆくものでした。それは道徳観の欠如のようなところで起こるのではなく、むしろ、「掟」をつくる側の「正義」の感覚のもとで行なわれるところを理解することがとても大事なところでした。

そしてそこから見えてきたものは、その「ローカル法」のように作用する「掟」が、閉じられた世界でのみ通用するものなのに、その閉鎖性を突き破る仕組みが、子どもたちには見えていないというところでした。子どもたちにとっては、「掟＝ローカル法」は絶対で、それを覆すことなどどうやってもできないことだと、つよく思われているのがわかりました。

そこで「広場」のイメージが考案されてゆくことになるのです。**子どもたちが「掟＝ローカル法」を意識し、それを使おうとすることになるのは、**決してマイナスのことではなく、むしろ**「大人法」に入って行くためにも、必要な活動としてある**ものでした。ここのところが、これまでの「いじめ論」では全く考慮されていないところでした。大事なことは、この「掟＝ローカル法」を意識しはじめる頃から、それに風穴を開ける「道」があることを教えてあげられるかどうかというところにあります。それはある、というのが、この本の主張です。

それは教室に「広場」をつくり、そこで閉ざされる世界では日の目を見なかった「話し」を「みんな」の前で「話し」て、「みんな」に見えるようにするという提案でした。そしてその時の「みんな」というのは、先生やクラスの生徒という閉じられた世界のものたちだけを指すのではなく、教室の「外」の「親」や「警察」までをも含む「みんな」という意味になっているものでした。

つまりそこに「広場」が「公共の場」であることの意味が出てきていたのです。教室に**「広場」がつくられれば、「自死」を迫るような「掟」に対して、もっと大きな「法の力」が世の中にはあるということを「広場」を通して教えることができ、思い知らせることができるようになる**のですから。

ところが、これから見るように、現実に国が立ててきた対策には、肝心なところで重大な欠陥があると私には思われます。そのことを指摘するのはとても重要なことですので、法に関心のない方でもぜひ読んでいただきたいと思います。

2 「いじめ防止対策推進法」

「いじめ防止対策推進法」は二〇一一年に起こった「大津市いじめ自殺事件」が契機になって、二年後の二〇一三年に成立したものです。こういう国を上げての対策が求められてきたのは、一九八五年に起こった「葬式ごっこ事件（中野富士見中学いじめ自殺事件）」からで、その後、通知や指導の文章が形を変えて何度も出されて、それから数えて三十年近くたち対策が具体的な「いじめ防止対策推進法」という「立法」の形を取って制定されました。

「立法」ということですから、議会で審議され、法律として制定され、その「対応と防止」について、学校や行政等の責務を規定し、さまざまな義務が伴うものになっています。参議院議員、小西洋之氏は「米国や英国等の諸外国の優れた仕組みを参考に我が国の先進的な地域の取組も加味して立案された、世界で最も充実した対策法となっています。」（「二〇一四年一月二十四日、一人の父親として迎えた第186回国会［常会］招集日」と賞賛していましたが、いじめによる自殺者はその「いじめ防止対策推進法」の制定後も続いています。

国としては、この法に基づく義務を果たしていない学校があるから、痛ましい事件がまだあとを絶たないのだと思っているかもしれません。いじめから子どもを守る活動を続けている弁護士の方々も、この対策法への解説はされていても、この立法への疑問を出されている方はあまり見かけません。おおむねこの立法は評価されているのだと思います。

私はしかし、肝心な点において、**この立法の根本に違和感があります**。根本というのは、国が生徒をどのように見て、どのように育ててゆこうとしているのか、その大事なところを見ていないというところです。確かに学校や保護者には、これをしなさい、あれをしなさいという事細かな指示はなされているのですが、そもそも生徒がそこで生きている姿についての言及がなく、とにかくいじめのマイナス面を強調し、それを少しでも早く取り除こうという発想だけが一貫して貫かれている感じなのです。

とくに日本では、20歳成人から18歳成人へと大きく法律が変わるわけで、そういう18歳成人に向けて、どのように学校や保護者は、生徒を育ててゆけばいいのか、今までになく厳しく問われている中で、この「いじめ対策」も存立していかなくてはならないわけです。ところが、18歳成人の問題は、それはそれとしてつなげられてはおりません。当然、二〇一一年にはまだ「18歳成人」などいう話は「問題」にはなっていなかった、と主張される方がおられるかもしれません。でも、そういうことではないのです。国は先の事態を見越して法を制定してゆくわけで、多くの有識者は世界の情勢を見ながらも「18歳成人」問題を早くから大きな課題として議論してきていました（私が「18歳成人」を前提にして書いた『13歳論』［洋泉社］も一九九九年の時でした）。この「18歳成人」問題と「いじめ対策」の問題は、別の問題ではなく、本当に深くクロスするように「問題」にしていかなくてはならないものでした。

そのことを訴えるために、先に私は**私の生徒像**を説明しておこうと思います。

私たち人類は、「敵」から身を守るために、木器の工具・武器から石器の工具・武器へ、そして青銅や鉄の工具・武器を考案してきました。それで、家を守り集落を守ってきました。しかし人々を守ってきたのは、それだけではなく、**家や集落や共同体を守るための「掟」**をつくることでも、自分たちを守ってきていました。それは後に、**国を守る「法」**という大きな規模のものになってゆくものでした。

こうした「掟」や「法」は、当然人々がつくったもので、人々を守るためのものなのですが、それがなぜ効果があったかというと、その「掟」や「法」には、それを守る人たちには加護があるけれど、違反した人には厳しい「罰」（加護を得られるはずの共同体からの追放や排除）が与えられていたからです。それが怖くて、人々は「掟」や「法」に従ってきていました。

ところで、その「掟」や「法」は、どこから正式に適応されるのかいうと「大人」になったと見なされてからでした。「大人」の設定は、時代によって、国や民族によって、ちがいます。日本では江戸時代には13歳頃から「成人式」が始まっていました、地方によっても身分や階級によっても違いますが、ほぼ、13歳から18歳の間には「大人」と認めていったものでした。

でも、いまここで「問題」にしたのは、その「大人」の年齢のことではないのです。そうではなく、集落や共同体が、「掟」や「法」を維持し、それを「大人」から適用するというふうに決めている社会の中で、では「子ども」たちは、その「大人」になるまでの間、全く「掟」や「法」とは無縁だったのかというと、そういうわけではなかった、というところを指摘したいのです。子どもたちは、子どもたち同士で、大人たちが身を守るために使うこの「掟」「法」に近いものを、予行演習的につくって活動し、遊ぶことをし始めていたからです。そのはじまりは、10歳くらいからです。それは**「子ども版掟」「子ども版法」**と言ってもよいものです。今まで使用してきた表現では**「子ども掟」「子ども法」**となります。

この「子ども掟」「子ども法」は、子どもたちが勝手につくるものですが、そういうものをつくる力を持たないで「大人」になるということは昔はあり得ないことでした。というのも「大人」自身はいつの時代か、その「掟」「法」をつくってきたわけで、それをつくる力を持った人が「大人」として認められてきたわけですから、当然子ども時代から、そういうものを作る練習をしていなければならないのです。

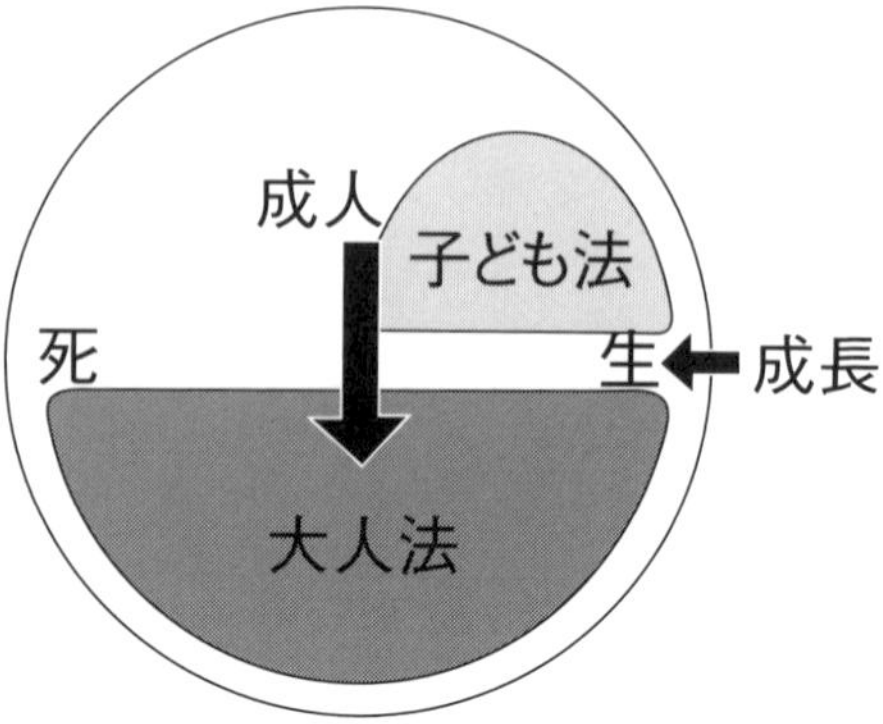

子ども法から大人法への模擬図

その練習の場が第1章で述べてきた**かつての「子ども組」という仕組み**でした。

こうした「子ども組」が持つ「子ども掟」「子ども法」は、大人の「掟」「法」の予行演習という側面ももっているので、それを共有するものの間には厳しい「罰」が想定されています。だから子どもたちも、この子ども組の掟には従ってきました。

つまり、かつては、この「子ども掟」「子ども法」と「大人法」は、接ぎ木のように接続させる仕組みを持っていたのです。それが昔の大人たちの容認していた大人にさせる仕組みの組み立てでした。一気に成人式に、大人の権限（法をつくり、加護を受ける権限）を与えるというのではなく、それまでに予備活動（「子ども掟」「子ども法」をつくって活動すること）を承認してきた上で、大人として認めることをしてきたのです。そこを図にすると右の図のようになるでしょうか。

ところが、現代になると、自主活動する「子ども組」が危険だということで、認められなくなってゆきました。福田アジオ氏が指摘していたように（31頁参照）、その結果、子どもたちは、「学校の行事」に従うことに自分たちの時間を取られ、その学校行事も、学校側からの発案で決められ、それに子どもたちが従うだけということになってゆきました。

もはや自分たちで決めて自分たちで活動するということが、学校や地域の中ではほとんどなくなっていきました。ではかつての「子ども法」をつくって自主活動をするという動きは、子どもたちの間ではなくなってしまったのかということになります。そんなことはありません。子どもたちも、自分たちで身を守る術を身につける練習を積み重ねてゆくのです。だから当然「大人法」に向けて「子ども法」をつくる実践はしてゆくのです。でも「子ども組」のような自主活動は許されません。だとしたら、どこにその活動、そのエネルギーは動くのかということになります。それは、表に出ない**地下活動としての「子ども掟」「子ども法」**として動いてきていたのです。**それが近年「いじめ」と呼ばれてきた世界**だったのです。

この世界がなぜ根絶されないのかというと、そこには自分たちで決めた掟で、自分たちの安全を確保し、生活の糧（金銭）を確保する「子ども法」が実践されていたからです。でもそれは地下活動として実践されるので、先生や親には「見えなかった」のです。

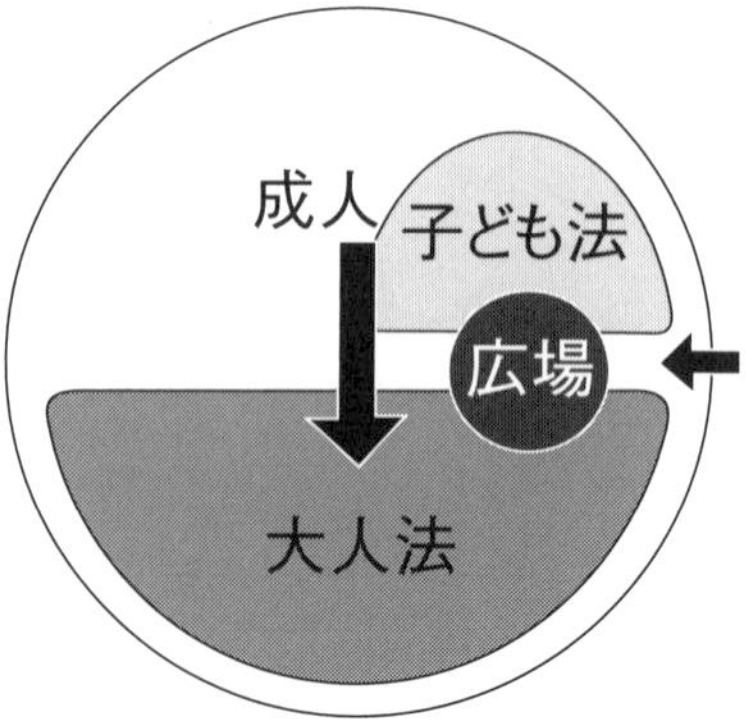

子ども法と大人法の間に広場を、の模擬図

こういう地下活動が陰惨な仲間殺しに発展してゆくことは、大人の世界でもしばしばみられてきたことでした。一九七一年七二年に起こった「連合赤軍事件」では、「総括」と称して同志二十九名のメンバー中十二名が死に至らしめられました。凄惨で残虐な事件でした。世間から閉ざされた共同体の中だけで動く「掟」では、その「掟の力」が強ければ強いほど、そして、共同体が閉じられていればいるほど、陰惨な事件が起こることは歴史が示してきているところです。

ここまで説明するだけで、すぐに見えてくることが二つあります。

一つは、いままで「いじめ」と呼ぶことで否定的に見られてた分野が、実は子どもたちの、**子どもたち同士がつくる自主活動の、エネルギーの発露の一つの形態**であったということです。

もう一つは、**このいじめをなくすには、「子ども法」をつくる活動を公に認めて、地下活動からチェンジさせて表に出させる**ということです。

私の「広場」の提案は、この「子ども法」と「大人法」のあいだに、地下活動ではない、表の「掟」つくりの場（「公共の場」）を設けて、そこで表の側で自分たちの「掟」「法」をつくりだし、それを「大人法」との接点の中で鍛えるという提案でした。模擬図にすると右のようになるでしょうか。

そしてこの「広場」つくりの提案は、なにもいじめ対策のためではなく、生徒を18歳成人に向け、「広場」で「公共の人」になる実践を提案し、早くから子どもたちが**「公共の人」として育ってゆけるためのプラン**にもなっていたのです。

そのことを踏まえて、二〇一一年度の「いじめ防止対策推進法」がどんなふうになっているか見てみたいと思います。どんな新しい提案がなされていたのかということです。**見かけの「いじめの芽」を早期に摘むという名目の下に、子どもたちの自主活動に向かう芽を摘む**ことになっていないかどうか、つまり「角《つの》を矯《た》めて牛を殺す」（牛の曲がっている角をまっすぐに直そうとして、その結果牛を死なせてしまうということわざ。小さな欠点を直そうとして、そのために全体をだめにしてしまう意味）ことになっていないかどうか、そういうところを私の関心に沿って見てゆきたいと思います。

まず第一条です。

第一章　総則

（目的）

第一条　この法律は、いじめが、いじめを受けた児童等の教育を受ける権利を著しく侵害し、その心身の健全な成長及び人格の形成に重大な影響を与えるのみならず、その生命又は身体に重大な危険を生じさせるおそれがあるものであることに鑑み、児童等の尊厳を保持するため、いじめの防止等（いじめの防止、いじめの早期発見及びいじめへの対処をいう。以下同じ。）のための対策に関し、基本理念を定め、国及び地方公共団体等の責務を明らかにし、並びにいじめの防止等のための対策に関する基本的な方針の策定について定めるとともに、いじめの防止等のための対策の基本となる事項を定めることにより、いじめの防止等のための対策を総合的かつ効果的に推進することを目的とする。

ここには、「いじめ」が児童の「心身の健全な成長及び人格の形成に重大な影響を与えるのみならず、その生命又は身体に重大な危険を生じさせるおそれがあるものであること」から、「国及び地方公共団体等の責務を明らかにし」て、その防止につとめるという条文の目的が記されています。ここでいわれている「生命又は身体に重大な危険を生じさせるおそれがある」とされる「いじめ」は、すでに進行してしまっているいじめですが、その進行する前の、子ども同士の活動について何か示唆するような文言がここで書かれているかといえば、そういうわけではありません。「いじめ」は「心身の健全な成長及び人格の形成に重大な影響を与えるもの」だという説明はされても、**そこ**

までの危害を加えるようなエネルギーがどこから児童に生じているのかへの示唆はありません。つまりそこまで児童が活動し始めてきているところは見ないで、そこから起こるマイナス面だけを見ている記述になっています。そして、何よりも不思議な書き方をしているのが、この事態を打開する方策を「国及び地方公共団体等の責務を明らかにし」てその防止につとめるというふうにしているところです。

この記述では、**子どもたち自身で解決させる力を付けるような道を示していない**のです。本当の意味で、「国及び地方公共団体等の責務を明らかにしてその防止」につとめるのなら「国及び地方公共団体等」がきちんと**児童を大人にするべき対策**を取っているのか、その責務を明らかにするというふうにならないといけないからです。

次に**いじめの「定義」**の条文です。

（定義）
第二条　この法律において「いじめ」とは、児童等に対して、当該児童等が在籍する学校に在籍している等当該児童等と一定の人的関係にある他の児童等が行う心理的又は物理的な影響を与える行為（インターネットを通じて行われるものを含む。）であって、当該行為の対象となった児童等が心身の苦痛を感じているものをいう。
2　この法律において「学校」とは、学校教育法（昭和二十二年法律第二十六号）第一条に規定する小学校、中学校、高等学校、中等教育学校及び特別支援学校（幼稚部を除く。）をいう。

3　この法律において「児童等」とは、学校に在籍する児童又は生徒をいう。

4　この法律において「保護者」とは、親権を行う者（親権を行う者のないときは、未成年後見人）をいう。

これが、「定義」だというのですが、何を定義してるのかというと、「いじめ」とは、「学校に在籍している等当該児童等と一定の人的関係にある他の児童等が行う心理的又は物理的な影響を与える行為であって、当該行為の対象となった児童等が心身の苦痛を感じているもの」というわけです、要するに、児童が受ける一切合切の活動で「児童が苦痛を感じる」ことがあればいじめだというのです。児童は日々さまざまな活動をしているわけで、喜ぶこともあれば、悲しいことも、苦痛もあるものです。それらを強弱はあるものの、一通り体験しながら学校暮らしをしているわけで、楽しいことばかりがあるわけではありません。問題は、苦痛が起こるときに、それが自分たちで解決できる場を持っているのかどうかということです。そういう場の提供の示唆がなく、苦痛があればいじめだというのは、従来の学校の状況をそのまま追認して、苦痛はひどいいじめになると見ているだけのことなのです。これが**「定義」としておかしい**のは、次の条文を見ると見えてきます。

（基本理念）

第三条　いじめの防止等のための対策は、いじめが全ての児童等に関係する問題であることに鑑み、児童等が安心して学習その他の活動に取り組むことができるよう、学校の内外を問わずいじめが行われなくなるようにすることを旨として行われなければならない。

2　いじめの防止等のための対策は、全ての児童等がいじめを行わず、及び他の児童等に対して行われるいじめを認識しながらこれを放置することがないようにするため、いじめが児童等の心身に及ぼす影響その他のいじめの問題に関する児童等の理解を深めることを旨として行われなければならない。

3　いじめの防止等のための対策は、いじめを受けた児童等の生命及び心身を保護することが特に重要であることを認識しつつ、国、地方公共団体、学校、地域住民、家庭その他の関係者の連携の下、いじめの問題を克服することを目指して行われなければならない。

さきの「定義」を踏まえると、「いじめ」は「心身に苦痛を感じていること」ということですから、この三条をもし丁寧に書き直すなら次のようになります。

いじめ（心身に苦痛を感じていること）の防止等のための対策は、全ての児童等がいじめ（心身に苦痛を感じていること）を行わず、及び他の児童等に対して行われるいじめ（心身に苦痛を感じていること）を認識しながらこれを放置することがないようにするため、いじめ（心身に苦痛を感じていること）が児童等の心身に及ぼす影響その他のいじめ（心身に苦痛を感じていること）の問題に関する児童等の理解を深めることを旨として行われなければならない。

ここで、唯一の対策の道は最後の一行にしめされています。つまりもし「心身に苦痛を感じている」児童がいたら、その「児童等の理解を深めることを旨として行われなければならない」という一行です。とすればその「児童」に対する「理解の深め」は誰がどこでするのかということになります。先生がするのか、学校がするのか、それは違うはずです。というのも、ここには、「全ての児童等がいじめ（心身に苦痛を感じていること）を行わず、及び他の児童等に対して行われるいじめ（心身に苦痛を感じていること）を認識しながらこれを放置することがないようにするため」と書かれているのですから、**「理解」すべき者は、そういうことをしている教室の児童以外にはないはずなのです。**ということは、この最後の一行は、そういう、いじめ（心身に苦痛を感じていること）の児童の状況をクラスのみんなで「理解」し、クラスのみんなで「防止し解決する」手立てを考えなくてはならないということになるはずなのです。ところが第三条3には、次のようなことが書いてあるのです。

3　いじめの防止等のための対策は、いじめを受けた児童等の生命及び心身を保護することが特に重要であることを認識しつつ、国、地方公共団体、学校、地域住民、家庭その他の関係者の連携の下、いじめの問題を克服することを目指して行われなければならない。

この一行は的外れです。誰が「目指して行われなければならない。」のですか。この文章ではそれが「国、地方公共団体、学校、地域住民、家庭その他の関係者の連携の下」と読めるようになっていて、**大人が指導することになっている**のです。つまり、クラスの中で起こっているのだから、クラスの子どもたちの力で解決する場をつくることを目指さなくてはならないというのではなく、「大人」に任せることを目指さなければならないと書いているのです。そのあとはまた次のような**空しい文言**が並んでいます。

（いじめの禁止）
第四条　児童等は、いじめを行ってはならない。

（国の責務）
第五条　国は、第三条の基本理念（以下「基本理念」という。）にのっとり、いじめの防止等のための対策を総合的に策定し、及び実施する責務を有する。

（地方公共団体の責務）

第六条　地方公共団体は、基本理念にのっとり、いじめの防止等のための対策について、国と協力しつつ、当該地域の状況に応じた施策を策定し、及び実施する責務を有する。

（学校の設置者の責務）

第七条　学校の設置者は、基本理念にのっとり、その設置する学校におけるいじめの防止等のために必要な措置を講ずる責務を有する。

（学校及び学校の教職員の責務）

第八条　学校及び学校の教職員は、基本理念にのっとり、当該学校に在籍する児童等の保護者、地域住民、児童相談所その他の関係者との連携を図りつつ、学校全体でいじめの防止及び早期発見に取り組むとともに、当該学校に在籍する児童等がいじめを受けていると思われるときは、適切かつ迅速にこれに対処する責務を有する。

空しい文言が並んでいます。第八条は、先生の責務のことが書かれているわけですが、その最後の一行も、奇妙な文言です。「当該学校に在籍する児童等がいじめ（心身に苦痛を感じていること）を受けていると思われるときは、適切かつ迅速にこれに対処する責務を有する。」というのです。誰が「適切かつ迅速にこれに対処する責務」をもっているのですか、先生ですか。でも先生は

「対処」できないという批判や反省を山ほどしてきたのではなかったのですか。いやここには先生がと書かれているのではなく、「児童等の保護者、地域住民、児童相談所その他の関係者との連携を図りつつ」と書かれていると言われるかもしれませんが、でも結果的には、そういう連携をしつつ先生が「対処」する責務を有するということになっているのです。この文面にも児童は主人公のはずなのに出てきていないのです。そして次の九条になります。

（保護者の責務等）

第九条　保護者は、子の教育について第一義的責任を有するものであって、その保護する児童等がいじめを行うことのないよう、当該児童等に対し、規範意識を養うための指導その他の必要な指導を行うよう努めるものとする。

2　保護者は、その保護する児童等がいじめを受けた場合には、適切に当該児童等をいじめから保護するものとする。

3　保護者は、国、地方公共団体、学校の設置者及びその設置する学校が講ずるいじめの防止等のための措置に協力するよう努めるものとする。

4　第一項の規定は、家庭教育の自主性が尊重されるべきことに変更を加えるものと解してはならず、また、前三項の規定は、いじめの防止等に関する学校の設置者及びその設置する学校の責任を軽減するものと解してはならない。

誤解を恐れずにいえば、親が指導しなさいというわけです。「子どもの喧嘩に親がでなさい」と言っているように読めるところが見られます。「保護者は、当該児童等に対し、規範意識を養うための指導その他の必要な指導を行うよう努めるものとする。」とも書かれています。「規範意識」、つまり「子ども掟」「子ども法」のような規範意識は、子ども同士の中で培われてゆくものですが、それは「保護者」が養いなさいというように読めます。そして「2」では「保護者は、その保護する児童等がいじめを受けた場合には、適切に当該児童等をいじめから保護するものとする。」と書いています。

こういうことが現実にはいかに空文句であることかは、いじめを経験されてきた親御さんならだれもが感じているところです。子どもたちは、親にも相談できないところで苦しむわけで、そのことを打ち明けられても、堅固に張り巡らされた**「子ども同士の掟」の世界に親が風穴を開けることはとても難しい**のです。

「いじめ防止対策法」は、この後延々と続くのですが、そこで書かれていることは、ここまでの一条から九条までの反復です。そこでは、子どもの主体性を今一度見直し、子どもの主体性が発揮できる場を教室につくり、その場を、教師、保護者、地域の人たち、そして国が支援し、子どもたち同士で困ったことの解決や、大人になるための活動をさらに助け、18歳の成人に向けて市民教育が十分に実りのあるものになるように堅固に支援してゆきます、というようなことはどこにも書かれていないのです。

3　先駆的な「川崎市子どもの権利にかんする条約」への私見

川崎市では、二年間にわたって中学生も参加して「子ども権利条例調査研究委員会」が設けられ、二〇〇〇年の十二月に「川崎市子どもの権利に関する条例」が制定されました。**自治体では初めての市民参加による子ども権利条約の成立**でした。その快挙に多くの自治体は勇気づけられてきたと思っています。その条例制定までのご苦労は『川崎発子どもの権利条約』（エイデル研究所、二〇〇二年）に詳しく記されています。

私はその中から、「いじめ」と「広場」にかかわりのあるところに注目して紹介します。

（いじめの防止等）

第24条　施設関係者は、いじめの防止に努めなければならない。

2　施設関係者は、いじめの防止を図るため、その子どもに対し、子どもの権利が理解されるよう啓発に努めなければならない。

3　施設設置管理者は、その職員に対し、いじめの防止に関する研修等の実施に努めなければならない。

4　施設設置管理者は、いじめに関する相談をその子どもが安心して行うことができる育ち・学ぶ施設における仕組みを整えるよう努めなければならない。

5　施設関係者は、いじめに関する子どもの相談を受けたときは、子どもの最善の利益を考慮し、その相談の解決に必要な者、関係機関等と連携し、子どもの救済及びその回復に努めなければならない。この場合において、施設関係者は、いじめを行った子どもに対しても必要な配慮を行った上で適切な対応を行うよう努めなければならない。（42頁）

いろいろ議論されて、このような文言に集約されていったのだと思います。ただ、素直にこの文言を読めば、いじめは「施設関係者」がその防止に努めることに重きが置かれていることに気がつきます。「施設関係者」とは学校や児童館や役所などを意味していて、要するに「大人」が、その防止に努めなさい、必要な研修があれば関係する大人が受けなさい、という指示になっています。だから、子どもがいじめで困ったことになれば、その「施設関係者」に相談しなさい、とされ、受ける側の「施設関係者」も、その「相談の解決」にしっかりと努めなさいというのです。**ここでの「相談の解決」の主役は「大人」**になっています。条例そのものは、中学生も交えた参加型の条例だったのですが、「子どもの相談」となれば、それは大人がしっかりと引き受けてするものだというふうに書かれているのがわかります。

では、だからといって、川崎市は、子どもの力を認めていないのかというと、そうではないから

「川崎市子どもの権利にかんする条約」をつくろうとしていたわけで、**子どもの自主活動をうながす条項**も次のように入っています。

（子どもの居場所）
第27条　子どもには、ありのままの自分でいること、休息して自分を取り戻すこと、自由に遊び、若しくは活動すること又は安心して人間関係をつくり合うことができる場所（以下「居場所」という。）が大切であることを考慮し、市は、居場所についての考え方の普及並びに居場所の確保及びその存続に努めるものとする。
2　市は、子どもに対する居場所の提供等の自主的な活動を行う市民及び関係団体との連携を図り、その支援に努めるものとする。（47頁）

27条は、地域での子どもの活動を支援するためのとても大事なことが述べられています。ただ、この「居場所」が、「大人法」と連動しない、身勝手な「子ども法」だけで運営される「居場所」になるのなら、そこはいじめの温存場所になる可能性が出てきます。だからただ「居場所」があればいいというだけでは、本当の子どもの安全は確保できないところは意識されるべきだと思います。

続けて、**最も大事な条項**が出てきます。

（地域における子どもの活動）

第28条　地域における子どもの活動が子どもにとって豊かな人間関係の中で育つために大切であることを考慮し、市は、地域における子どもの自治的な活動を奨励するとともにその支援に努めるものとする。（48頁）

ここで「地域における子どもの自治的な活動」という文言が出てきます。でも、これがどういう活動を意味するのか、イメージははっきりしないのです。第1章で述べた福田アジオ氏のまとめに見られる「子ども組」の活動までを含むのか、そこはわかりにくいところです。でもこの条例は、そうした「子どもの自治的な活動」を「奨励するとともにその支援に努める」と明記しているのですから、きっと大変優れた着想に支えられてできているのだと思います。願わくば、この「地域における子どもの自治的な活動」の中に、「教室における広場つくり」の活動までを含めてもらっているなら、もう言うことはないように思います。

私はすでに**「広場」つくりの活動が、将来の市民教育（シティズンシップ）につながる**ことを指摘しておきました。そのことについても川崎市の子ども権利条約はちゃんと触れていました。

第4章　子どもの参加

（子どもの参加の促進）

第29条　市は、子どもが市政等について市民として意見を表明する機会、育ち・学ぶ施設その他活動の拠点となる場でその運営等について構成員として意見を表明する機会又は地域における文化・スポーツ活動に参加する機会を諸施策において保障することが大切であることを考慮して、子どもの参加を促進し、又はその方策の普及に努めるものとする。（49頁）

29条も大事なことが書かれています。というのも、ここには「**市民として意見を表明する機会、育ち・学ぶ施設その他活動の拠点となる場**」という文言が書かれているからです。では、その「場」がどこにあるのか、ということです。この29条をよく読むと、文章が切れ目がなく長く続いていて、悪文です。もう少しわかりやすくまとめられなかったのかと思いますが、丁寧に読むと、ここでの「意見を表明する」というのは、主に「子どもが市政等について市民として意見を表明する」という意味での「意見表明」であることがわかります。とすれば、「それを言う場」というのは役所の会議室のようなイメージに受けとられかねない文言になっています。その「場」を「教室の広場」までに広げて受け取るのは難しい感じがします。

（子ども会議）
第30条　市長は、市政について、子どもの意見を求めるため、川崎市子ども会議（以下「子ども会議」という。）を開催する。

2　子ども会議は、子どもの自主的及び自発的な取組により運営されるものとする。
3　子ども会議は、その主体である子どもが定める方法により、子どもの総体としての意見等をまとめ、市長に提出することができる。
4　市長その他の執行機関は、前項の規定により提出された意見等を尊重するものとする。
5　市長その他の執行機関は、子ども会議にあらゆる子どもの参加が促進され、その会議が円滑に運営されるよう必要な支援を行うものとする。（50頁）

「子ども会議」というのは、第1章で見たようにコルチャック氏が、自分の孤児院の運営に取り込んだ大事な取り組みでした。ただこの30条で取り上げられているのは「市政について、子どもの意見を求めるため」に開催される「会議」のことを「子ども会議」と呼んでいるように読み取れます。「市政について」というような条件付きではなく、もっと子ども同士のこと、学校で起こっていることについて「子ども会議」を持つことができるというふうにこの30条を読むことは難しいような気がします。

それでも川崎市の子ども権利条約は、次のようなことも明記しています。

（参加活動の拠点づくり）
第31条　市は、子どもの自主的及び自発的な参加活動を支援するため、子どもが子どもだけで自由に安心して集うことができる拠点づくりに努めるものとする。

（自治的活動の奨励）

第32条　施設設置管理者は、その構成員としての子どもの自治的な活動を奨励し、支援するよう努めなければならない。

2　前項の自治的な活動による子どもの意見等については、育ち・学ぶ施設の運営について配慮されるよう努めなければならない。（51頁）

私はこの31条の「子どもの自主的及び自発的な参加活動を支援するため、子どもが子どもだけで自由に安心して集うことができる拠点づくりに努めるものとする」というくだりを読んだときに、ここにきてようやく、教室に「広場」をつくることの保障を、市から受けたような気がしたものです。**ここでの「拠点」を「広場」と読み替えても全然問題はない**ように思えたからです。

そして次の二つの条例には、「より開かれた育ち・学ぶ施設を目指すため、（略）定期的に話し合う場を設けるよう努めなければならない。」と書かれています。でもその「話し合う場」とはどこに設けられるものなのか、市役所の中なのか、それとも教室の中なのか、そこがまたわかりにくいところです。

（より開かれた育ち・学ぶ施設）

第33条　施設設置管理者は、子ども、その親等その他地域の住民にとってより開かれた育ち・学ぶ施設を目指すため、それらの者に育ち・学ぶ施設における運営等の説明等を行い、それらの者及び育ち・学ぶ施設の職員とともに育ち・学ぶ施設を支え合うため、定期的に話し合う場を設けるよう努めなければならない。

（市の施設の設置及び運営に関する子どもの意見）

第34条　市は、子どもの利用を目的とした市の施設の設置及び運営に関し、子どもの参加の方法等について配慮し、子どもの意見を聴くよう努めるものとする。（52頁）

34条は、市の施設を子どもが借りる時には、子どもの意見を聴くよう努めることとされています。やはりここでも書かれているのは、大人が子どもの意見をよく聴く努力のことであって、子ども同士の自主活動に子ども参加の意味があって、それを支えますというのではないのです。大人が意見を聴きます、というふうになっていて、**「子ども参加」そのものを前提にする文言にはなっていないのです。**そういうところが、まだ「広場」とつながらない気がします。

おそらくこの条例の最も問われているのは、延々と続く「子ども」「子ども」「子ども」という表記です。条例の最初の第2条では、子どもは18歳未満と断っているので、表記そのものに問題があるわけではないのですが、それでも中学生、高校生を、「子ども」「子ども」と言い続ける感性には「古い大人」の臭いがしてなりません。

この本の第2章に掲げている10歳のクラスの「広場」憲章には（46頁参照）、「わたしたちを子ども扱いしないで」とありました。13歳以上の生徒や青年を、みんなひっくるめて「子ども」と表記し続けるのは、本来の条例の「若ものに主権を」の趣旨からも外れているようにも思います。たかが表記一つでと思われるかもしれませんが、せめて10歳までの子どもと、中学生や高校生の違いなどを考慮した丁寧な表記を工夫されるのが、こんごの市民条例化を考えておられる市区町村には大事かと私は思います。

第5章　もう一つの「広場」考

1　「広場」とは何か

「広場」とは何か。「広場」とは、世界史の中では交差点です。たくさんの道がそこで出会う場所であり、その道を通ってやって来たたくさんの人々によって見られる場所であります。

その場所は、のちに「公共の場」と呼ばれることになるのですが、基本は「たくさんの道」と「たくさんの目（意見）」が交差し出会うところです。

世界史が大きく動いてきた舞台には「広場」がありました。そこははっきりと「広場」と呼ばれたこともあれば、あえて「広場」という言葉では呼ばれなかったところもありますが、人が多く集まるところは「広場」でした。そこに、人々が集まり、語らい、交渉し、交易をしてきました。そして、そういう場所を通して、世界は動きつながってゆきました。

イタリアには、ヴェネツィアの「サン・マルコ広場」とか、フィレンツェの「シニョリーナ広場」などがあって、政治や貿易の舞台としても有名ですが、映画『ローマの休日』では、ローマの宣伝も兼ねてか、「サンピエトロ広場」「共和国広場」「スペイン広場」「トレヴィの泉」「スペイン階段」「ロトンダ広場」「ヴェネツィア広場」「カンピドーリオ広場」のようなたくさんの「広場」を主人公が通ります。でも何のためにそんな広場がローマにあったのか気にすることはあまりありません。

高校の世界史の授業では、フランス革命が「バスティーユ広場」や「コンコルド広場」から始まったと教えられたものでした。人々が集まり、交差し、交易するところに、活気や変革のエネルギーが湧いてくるのですが、そのために「広場」が禁止される歴史も一方では起こりました。中国の「天安門広場」は、五十万人も入れる広場で、革命の舞台にもなってきましたが、今は、監視の兵士もいて、自由な振る舞いができる広場にはなっていません。

こういうふうに世界史の中の広場を見ても、果たしてきた役割は、時代によって、集まる人々の目的によっても様々でした。だから、共通の性格を抽出するのは難しいかもしれませんが、基本は「たくさんの道」と「たくさんの目（意見）」が交差し出会うところ、とすることでいいのではないかと思います。

ではな**ぜ教室に「広場」なのか**、ということです。というよりか、教室には「広場」が絶対にいるのだということを明らかにしたいと思います。というのも「教室」には、出自の違うさまざまな人が、「遠いところ」から集まってきています。でもその人たちを、「生徒」や「学生」と呼んでしまっていて、何かしら均質で同質なものをもった人たちの集まりのように見てしまいがちなのですが、そうではないのです。**教室にいる人たちは、本当にみんな「遠くから」ここへやってきている**のです。もちろんこの「遠いところ」というのは、距離や地理のことだけではありません。生まれ育ちの似ていない、精神風土の異なる、本当に「遠い」ところから、家族と共に一生懸命に歩んできた「時間の遠さ」のことでもあります。この「遠さ」への感覚が、「生徒」や「学生」と呼んでしまうと見えなくなってしまうところがあるのです。

そんな**「遠くから来た人」が交わるには、これまた時間を掛けて、自分の想いを伝え、意見や物を交換できる「場」がなくてはならない**のです。それが「広場」です。しかし現実の教室には、そういう「広場」はなく、先生の求める教科書に受け答えするという「授業空間」しかありません。

そんな授業空間の隙間をぬって、遠くから来た者同士が、同郷のよしみのような感覚を元手に**「路地のたまり場」**のようなものをつくり、そのたまり場だけで通用する「掟」をつくり、そこに入れる者や入れない者をつくり、授業空間では味わえない「会話」の楽しみを、授業中や休み時間に、先生の目を盗んでやってきたものでした。でも、教師のほうは「授業空間」しか見ていないので、そんな授業中や休み時間、放課後に動き出す「路地のたまり場」の動きは見えません。

そんな「路地のたまり場」をめぐって、陰湿な「いじめ」が遂行されてきたのも事実です。もちろん「路地のたまり場」が悪いというわけではありません。そういう隠れた場所、秘密基地で、面白いプランにひたるのは昔も今も楽しいものでした。でも、教室が、そういう「路地のたまり場」で占められて、悪質な動きが隠された中で進行すると、これはまた陰惨な活動の温存場所になります。

だからこそ、**教室には、「路地のたまり場」も必要ならば、開かれた「広場」も必要**となってくるのです。その「路地のたまり場」と、開かれた「広場」のようなものの両方が、「学校」という場所には必要なのではないかということを、独自の視点から考えていった人たちに建築家の人たちがいました。その一人を紹介したいと思います。

2　工藤和美『学校をつくろう』（ＴＯＴＯ出版、二〇〇四年）

二〇〇一年に開校された**博多小学校**は、そのあまりにも**斬新な設計**に多くの学校関係者が驚き、たくさんの教育者が見学に行ったものでした。設計したのは若き新鋭の建築家、工藤和美氏でした。子育てをしながら東京と博多を何度も往復しての新校舎実現には想像を絶するご苦労があったと思われます。しかし、その斬新な設計というのは、東京と博多の「往復」だけではなく、最初の設計の段階から、地域住民の方々との話し合い、教育委員会との話し合い、多数の施工業者との話し合い、そしてもちろん、それまでに作られた最新の学校への見学など、さまざまな「往復」を土台にして作られていったものでした。その記録は工藤和美『学校をつくろう』となって残されています。話し合いから、設計、施工、完成までを細かく綴った記録です。

この本には学校の写真が多数収められているので、それを見ると実際のところがよくわかるのですが、ここではそれが紹介できません。ただしインターネットの画像検索やユーチューブに「博多小学校」と入れてもらえば、少しはわかります。

それでもここでは学校の細かなところは紹介できませんので、その斬新な発想を「模擬図」(164頁参照)を使ってなんとか説明したいと思います。この図は、正規の学校の設計図ではありません。正規の図面はネットの検索でも見られますから参照してください。ここでは、この学校の設計の斬新さを知ってもらうために、あえてデフォルメしてお伝えします。

まず教室のあるフロアーだけを紹介します。このフロアーには、入口出口のある教室の壁がありません。いわゆるオープン教室です。だから廊下と教室がオープンになっているという感じですが、この工藤氏の設計の斬新なところは、**「廊下」という概念を取っ払ってしまった**ところにあります。「廊下」というのは従来は「通路」に過ぎなかったのですが、ここも「ワークスペース」と位置づけられて、遊びと勉強に兼用できる広い空間がとられています。

そこにはグループで使える大きめの机が置かれています。教室で勉強している子どもが、そこで調べものをしたり相談することができます。つまり、**子どもたちは授業中に「立ち歩き」ができる**

ように設計されているのです。だから、そういう調べものをするために、資料コーナーや、図書コーナーが同じフロアーの中に作られています。ふつう図書室といえば昼休みに行くものと相場が決まっていて、その昼休みに、面白い遊びが出てくると、もう図書室に行くこともなくなってしまいます。でもここでは、図書室はどこか教室とは別なところにあるのではなく、まさに勉強を補助するものとして、いつでも必要な時にすぐに活用できるところに設置されているのです。

従来の学校では、授業中は「静かにする」のが当たり前で、廊下に出て立ち歩きするなんてとんでもないことでした。教室にいる生徒が立ち歩きをして廊下に出るようになれば「学級崩壊」でした。

でもこの学校では、「じっとしてる」ことだけが良いこととは見なされていないのです。友だちにたずねたり、資料を調べに行くために「動く」ということは、学習の形態の一部として、最初の設計の段階から認められるようになっているのです。そして、そのことと連動して、今まで動かなかった先生の机（教卓）もキャスターを付けてどこへでも動かせるようになっています。

なくなったのは教室の壁や廊下だけではありません。**職員室もなくなって**しまいました。その代わり教室と教室の間に学年単位で教師コーナーが設けられて、そこですぐに生徒とふれあえるようにして先生方がいるのです。全員の先生の会議が必要な時は、多目的に使える会議室でやるというわけです。

教室の使い方としては、黒板を向いての一斉授業ももちろんあるわけですが、自分たちで調べる

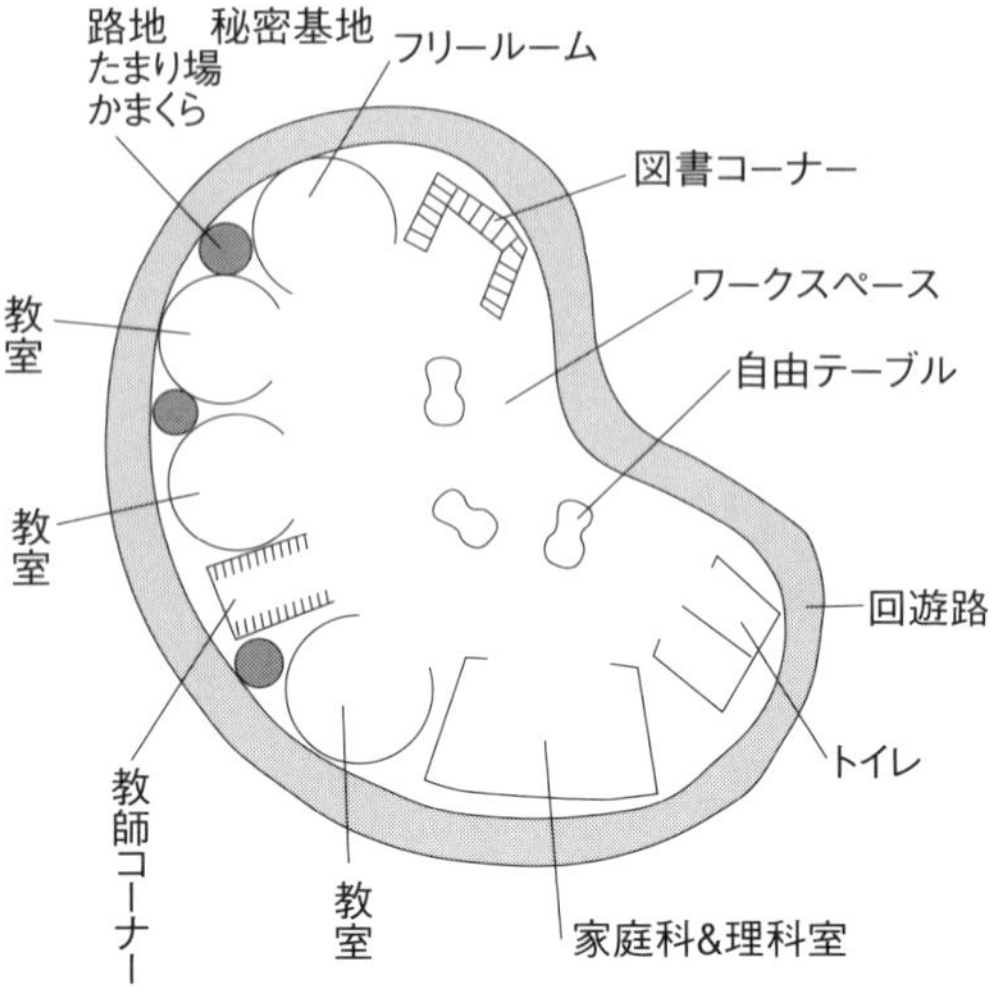

「豆」のような学校空間（模擬図）

ことも大事にされています。それで教室の一角を外からは見えるようにしながら、子どもたちが籠もれて、かまくらや秘密基地のように使えるようにも工夫されています。

さらに教室のある2階にはぐるりとテラスが取り巻いています。回廊になっているのです。走り回っても行き止まりがないのです。回遊路とでも言えるでしょうか。閉鎖された学校の空間で、どこまで走って行っても行き止まりがないという空間があるのは、子どもたちには何よりの贈り物だと思います。

博多小学校は町の中にあって敷地が狭かったので、教室はできるだけ多目的に作る必要がありました。音楽室のように音の出る教室は、防音のために閉じないといけませんが、家庭科教室や理科室などは、一緒に使えるだろうということで、合体させられています。

そういうユニークな発想を込めて作られる教室のフロアーは、**全体で、まるで「豆」のようにできている**感じがします。無機物のコンクリートの箱ではなく、ひと粒、ひと粒の豆が、分かれているけれど、その豆の鞘の中では有機的につながっているというような感じなのです。だから模擬図にすれば、右の図のようになるのです。鞘の中に「廊下」というものがないように、鞘の中の空間はひと粒ひと粒の豆が大きくなるための支援の場としてつながっている感じなのです。

子どもの食事も、とても大事に考えられていて、チョークの塵の舞う教室ではなく、別のフロアー（ランチスペース）を使って、六人ほどのテーブル掛けで、全学年が自由に学年を越えて、バラバラに座り、自由にお喋りを楽しみながら食べられるようになっています。これもすごいアイディアだと思いました。食事の時、隣に高学年がいると好き嫌いが言えないだろうからです。マンモス校ではとうていできないことではありますが。

トイレも、「使いたくなるトイレ」をめざし、洋式と和式を組み合わせて作られ、清潔感も演出され、学校でうんちをする子どもが増えたということでした。

もちろん、教室のあるフロアーだけではなく、体育館やプールの場所、多くの子どもたちが集えて、発表のできる大階段のある広場も工夫されました。従来ほとんど顧みられなかった、PTAの役員さんや保護者の来られる場所も確保されました。紹介してゆけば切りがありませんが、これくらいでも、この学校のあまりにも斬新なアイディアに満ちあふれた構造の大事なところが紹介できたかと思います。

ここからこの新しい学校を作るにあたって、工藤和美氏が日頃から思っておられたことを少し紹介しておきます。

私にとって塀のない学校を作る事は、町と学校の間にある意識の壁を取り払うことであって、物理的な壁の有無ではない。街の出来事が学校に伝わり、逆に学校の活動が町に話題を投げかけるというように、町と学校の風通しの良い関係を作ること。そのために視線をふさぐ塀を取り払いたいのだ。

閉ざされた学校の中では、これまでにも様々な問題があった。いじめ、暴力、いたずら、シンナー、タバコ、登校拒否、学級崩壊、事故、凶悪な犯罪事件……。例を上げようとすればきりがなく、そのつど社会を揺るがす大問題となって報道される。（前掲書、34頁）

閉ざされた学校にしない。それは学校を作る段階のデザイン、設計で可能になるというわけです。

「子どもたちは小さな大人である」が、私の考えの基本にある。子どもは知識の絶対量は大人に比べて少ないけれど、五感や喜怒哀楽などの感覚、感情は大人と全く同じものを持っている。小さいから言ってもわからないと、あきらめてはいけない。わかってくれるまで一生懸命説明すれば、ほとんどのことは理解できる。子どもにもプライドがあるから、人の言葉に傷つきもする。何ら大人と変わらないのである。

「子どもだからこの程度でいいだろう」という考えをしてはいけない、といつも思っている。

（81頁）

「**子どもは小さな大人である**」という思いが、本当にしっかりと設計デザインに生かされていると実感できます。でもこの言い方は、近代の教育で否定されてきたものです。近代の教育は「子どもは、小さな大人ではない。子どもは子どもなのだ」という考え方です。でもその考えを見事に打ち砕くものがこの設計デザインにありました。

拡張する教室の中で自由に移動できるよう、先生の場所もフリーにする必要があった。これまで同様、先生が黒板の前に立ち、ずっしり重い教卓に張り付いていたのでは意味がない。そこで、教卓にキャスターをつけて自由に動かせるようにし、先生たちが学習の形態を積極的に組めるようにした。（88頁）

一昔前の先生は黒板の前で、みんなを見渡し、どっしりしていなくてはいけなかった。先生が黒板を離れて「歩く」時は試験の時にカンニングしていないかを見はる時くらいでした。

先生たちの授業中の動きにも特徴がある。職員室を失くした代わりに、教師コーナーを各階の教室の側に設けた。このコーナー回りには教材置き場があって、資料がたくさん置いてある。

学習の流れで、気軽に資料を取りに来ては児童に見せ、そしてまたしまいに来る。あるいは、調べ学習中に他のクラスの先生と打ち合わせをする。次の授業の準備をしている間、少人数制の学習指導を補助するチーム・ティーチャーと話を交わす。何気ないことのようだが、先生たちの動きは確実に多様になっている。（89頁）

職員室はいつも敷居の高いものでした。何か報告に行くか、叱られる時に呼び出されるか、そういうときにしか入れないところでした。でも、教師コーナーは、そういうところではなく、調べものをする延長にあるのです。

オープンなワークスペースを持つようになって、子ども達の学習の場所は画期的に豊かになった。ところが先生が教卓の前に立つ風景が一向に変わらなくては、本当の意味で豊かな学習が生まれたとは言えない。教卓そのものも可働になって先生の居場所もオープンになるべきである。（108頁）

先生自身が、学習とは調べものをすることだということに思いを寄せなくてはなりません。先生だけがすでに調べものをしてきていて、生徒にその調べものを伝えるという従来の授業のスタイル。それをすっかり変えて、先生も生徒も、一緒に調べものをする中で、学習を深めるという発想に切り替えてゆかなくてはならないのです。

学校の中には楽しい場所がたくさんあって、覗いてみるとまるでコンパクトな街に見えてくる。（略）。私の中で学校と町がオーバーラップして感じられた瞬間だった。

地域の人と共存する学校を実現したい。地域と一体となった学校を作りたいと思った。（118頁）

「楽しい」とはどういうことなのかということです。教室や学校が楽しくなるのは、そこに「謎」がいっぱいあってその「謎解き」をする資料もいっぱいあって、それはいつでも自由に使っていいのだということになると、**調べものという「謎解き」が楽しくならないわけがない**と思います。そういう意味で、学校の、教室の、回廊の、あらゆるところに「なぞなぞ」があるようになっている学校では、きっと子どもたちは「名探偵」になった気がして「楽しく」なってくるのだと思います。

結局各教室に固定された先生の机を置かないかわりに、各階に教師コーナーを2学年単位で設置し、先生がいつも子どもたちの側にいて、全体を見通しながら互いに連携をはかれるようにした。2学年をまとめたのは、児童の成長を単年度ではなく継続的に見あえると思ったからである。同時に校舎等の1Fにある会議室、教職員ラウンジ、教職員ワークスペースでは、教

員全員が集まって交流したり、共有備品を効率よく使えるように機能を集約した。（140頁）
先生はこうあるべきという固定観念を取っ払おうとしたのは本当に英断だったと思います。先生も、常に調べものをする探求者なのですから、生徒と一緒に調べものをして何が悪いのかと思います。そんな探求者の姿を先生同士が見せ合いしながら授業ができるのは何と楽しいことかと思います。

オープンスクールで授業するのは初めて、という先生がほとんどである。その中でも最近、赴任された先生に尋ねてみた。「もちろん、周りの教室の音が最初は気になりましたね。でもいつの間にか全く気にならなくなりました。なぜかわからないけど」「子どもたちも、まわりの教室の事を気遣っていて、先に授業が終わっても、他のクラスが授業中だからと静かにしている」「子どもたち同士のクラスの壁がない分、よく交流しているが、先生同士も意見交換が自然に多くなっているように感じるし、互いに見あえているので説明しなくてもわかることが多いですね」（203頁）

初めての先生の驚き、ご苦労がよくわかる文章です。でも、それを踏まえると、それが楽しくなってくる様子もわかる気がします。

これからの時代、学校は多彩なカリキュラムや地域との関わりを十分配慮した上で、子どもたちが安心して日々を過ごし、教職員が自分の力を発揮できる空間になっていく必要がある。（211頁）

博多小学校では、基本設計の途中段階でいくつかの案が並行的に考えられたが、その全てが地域に公開された。そのため、地域住民と一緒に図面を見ながら、共に作り上げていた感がある。（略）

私は、学校が地域に開かれ、周囲にいる人たちが簡単に利用できるよう整備することを心がけてきた。重要な事は、基本的に、学校は児童生徒が使用するものであると同時に、学校に関係する大人が、自主的に管理運営できる施設であるということである。（212頁）

こういう工藤氏の思いをたどりながら見てゆくと、単なる斬新なアイディアだけで学校をつくったということではないことがわかります。地域に開かれた学校、先生と子どもと地域が常にやりとりのできる学校になっていること、その願いを、まさに建築のデザインを通して実現させてゆこうとされたのですから。

アランは『芸術論20講』（長谷川宏訳、光文社、二〇一五年）の12講「建築」の章で、次のように書いていました。

さて、建築という大きな恐るべき主題を扱わねばならない。ミケランジェロは、彫刻家にしろ画家にしろ、建築に携わったことのない芸術家にはどこか欠けるところがあると言った。深遠にして謎めいた思考だ。

これで工藤氏の紹介は終えるのですが、その後、この学校を見学した建築家により、また子どもに寄り添ったより新しい学校がたくさん作られてきていると思います。が、その出発点の一つが確かにこの学校にあったと私は思います。

ただ付け加えておかなくてはなりませんが、こうしたオープンスペースの教室が作られたからといって、地域の人たちの入りやすい開かれた学校ができたからといって、そこの生徒たちが、自動的に「公共の人」「法の人」になれたりするかというとそれは違うと思います。オープンなデザインの学校ができたら、それで「公共の人」「法の人」になる試みが免除されるかというとそれは違うと私は思うからです。

子どもたちがつくり、それで生きる「掟＝子ども法」は大事にされつつも、それを「公共の場」「法の世界」につなげる工夫はまた別に考えないといけないと思います。**オープンな教室や、ワー**

クスペースはそのままでは「広場」にはならないと思いますから。

以下は新しい学校創りの参考文献です

『21世紀の学校はこうなる—千葉市打瀬小学校』（国土社、一九九八年）

藤原智美『「子どもが生きる」ということ—こころが壊れる空間・育つ空間』（講談社、二〇〇三年）

長澤悟編『スクール・リボリューション』（彰国社、二〇〇一年）

『建築設計資料105　学校3—小学校・中学校・高等学校』（建築資料研究社、二〇〇六年）

『現代学校建築集成—安全・快適な学校づくり』（学事出版、二〇〇八年）

板橋区新しい学校づくり研究会『新しい学校づくりはじめました』（フリックスタジオ、二〇一四年）

3　『子どもとともに創る学校』（日本評論社、二〇〇六年）

もう一つの紹介は、**「子ども参加」の取り組み**をされてきた学校です。「子ども参加」はいろんな学校で試みられているでしょうが、特に興味深かった取り組みを紹介します。

北海道・十勝、幕別町札内北小学校の取り組みです。

ここでは子どもの権利保障の観点から、子ども参加に取り組んできています。「子どもの権利条約の風を北海道・十勝から」というキャッチフレーズの下に、です。ただ私は「子どもの権利条約」が先にあって、それを広げるために何かをするというのは、ちょっと違うように感じています。

特に子どもの「意見表明・参加の権利」については、多くの先生も強く賛同されていて、それにのっとって日本の子どもたちにも「意見表明・参加の権利」をと考えておられることはよくわかります。が、そういう条約を根拠にしなければ、「子ども参加」ができないのかということについては、違う意見を私は持っています。というのも、**「意見表明」**という言い方には私はとくにこだわってきたからです。

「意見表明」の「意見」とは何なのか。それを「表明」するというのはどういうことなのか。そこは、よくわからないところがあるからです。「昼休みにドッチボールをしたい」というのは、「意見」の「表明」でしょう。でも、「A子ちゃんが遊びに入れてくれなくなった」というのは、言って良い「意見」なのかどうか、心配です。言っても良いとしても、誰に言えば良い「意見」なのか、よくわからないからです。そういうことをA子ちゃんに言っても、嫌がられるだろうし、先生に言ったらよけいにA子ちゃんは怒るだろうし……。

要するに「意見」として「言う」こと自体がとても難しいし、怖いことがあるのです。そういう怖さや恐怖感を伴う「意見」をどういうふうに言えば良いのかわかりにくいのです。**その恐怖を取り除いてくれる仕掛けのあるところでしか「意見」を言うことはできない**からです。でも、そんな状況の中で、君たちには「意見表明権があるんだぞ」と言われても、「表明」するってどういうことなのか、つい考えてしまうことになるのです。

ですので、そういう「意見表明権・参加の権利」の「条約を踏まえる」という建前にこだわらないで、札内北小学校の取り組みを見てみたいと思います。特に小学校の伊藤義明先生のまとめを取り上げたいと思います。

学校には、入学式、運動会、遠足、修学旅行、学習発表会、卒業式とつづく一連の学校行事があるのですが、5年生の担当の最初の時、「今年の一年間学級で何がしたい」と聞くと、驚くほどいろんなアイディアが出てきた。従来なら、先生がこうしようと思ったことをやらせることになるのに、そのときに一度子どもたちの出したプランを子どもたち自身の手でやらせてみたらどうなるだろうということになった。その背景にはもちろん「子ども参加」という子ども権利条約の発想があるのですが、実際にやれないのならそんな条約はあっても紙に書かれたぼた餅にすぎません。

そこで伊藤先生は、やらせてみようと考えました。

「どうせなら、全部子ども達にやらせてみるのもいいんじゃないか」（25頁）と。そして子どもたちのプランで学校行事が計画され実行に移されることになってゆきました。

> 学校行事と呼ばれているものはとても多く存在する。その中でも特に知られているのは、運動会、学習発表会、修学旅行であろう。（略）

学校行事の全体像が見えているのは教職員だけであって、子どもたちには見えていないのである。子どもたちは切り取られた部分での一生懸命さを求められる。全体が見えず、自分たちのしていることが全体の中でどのような意味を持つのかもわからないまま練習、本番と過ぎていく。教職員の指導の成果が試される場であり、満足するのは教職員だけということに陥っているのではないだろうか。

そんな中での行事を変えて行くことにした。子どもたちが提案作りに参加をし、全体が見えるようにする。そして、議論に参加し決定する権利を持つことで、自分たちの行事だという意識を持ってもらう。また、子どもと教職員と一緒に進めることで、双方にとって生き生きと楽しく経験、活動できる場となる行事に変えていくことにした。（29頁）

自分たちのする行事のプランを自分たちも参加して立てるということ。この話は、博多小学校を作る時に、最初から住民の人たちの参加でもって始めたといわれていた工藤和美氏の学校作りにどこか通じるものがあると思いました。何かに関わる人たちが複数いるのなら、それぞれの人の想いを語ることが大事だということ。工藤氏の場合は、地域の人も学校関係者も、大人同士なんだから、それは可能だったかもしれないが、生徒と先生では、子どもと大人なんだから、そこは一線を引くべきで、そこを一緒にすべきではないと、従来なら考えるところです。でも伊藤先生たちは、行事をするのは生徒たちなんだから、生徒たちの意見を聞くのは自然ではないかと考えてゆかれました。

もちろん、教師の職務を放棄するのかとか、同僚からの批判があったり、安全性とか予算とか完成度とか、大人が関わらないとうまくいかないところはたくさんあったみたいですが、私がここで、興味を持ったのは、先生の代わりに生徒に行事をやらせるというアイディアのことではありません。

たとえば、家庭科の時間に自分たちで食料を切って作った味噌汁や、ホットケーキを食べるのは楽しいものです。ものごとには、プランと実行と成果があるわけですが、多くの学校では、プランは先生、実施は生徒、成果は半々とされるのが普通でした。でも、プランも実施も成果も生徒と先生が半々に分け合ったら、それこそ生徒たちもきっとはりきって、自分のことのように感じてやるのではないでしょうか。そういうことを、じゃあやってみようかと一歩踏み出されたのが、伊藤先生たちでした。

このことにわざわざ「意見表明・子ども参加」といわなくてもいいのでしょうが、でも児童の権利条約が支えとしてあったので、実行に移せたのだという思いもあったかと思います。

ところで、伊藤先生たちは、「原案つくりから反省まで」というスローガンの下に、「すべてを生徒に」という思いで進められ、そこにこそ「子ども参加」に意義があると考えていかれました。

学校行事に関しては、原案づくりから「子ども参加」を進めて行こうと考えた。それは子どもによる原案づくりいう形で行われた。学校行事の目的、内容、実行委員会について、学年、学級の取り組みなどすべてにわたる項目が子どもたちの手で作られていく。その原案が提案される場は、職員会議であり、児童総会である。どの会議においても子どもの姿なく議論されて、決定されていく事はない。そして原案に修正が加えられ、実施項目として決定されていく。もちろんその後の取り組みも、本番も、片付けも、反省も子どもの手によって進められていくのである。（30頁）

本当にすべてを生徒たちがやっていくのかと疑問に思ったり、不思議に思われたりするところです。私は教室の運営や行事の運営に関してはできるだけ半分半分がいいと考えるので、先生プラン半分、生徒プラン半分がいいと思っています。でも私は「広場」の運営は生徒に任せてと言っているのですから、伊藤先生たちの「行事を生徒にまかせて」という発想と似ているのではといわれそうです。でも授業や行事の運営と、「広場」の運営は違うのですと、ここでは先に少し言っておくことにとどめておきます。

こうして、伊藤先生たちは、次のようにも述べられています。

自分たちは「どんな行事にしたいのか」、「行事の中で何をしたいのか」など、子どもたちは子どもの権利条約も定めているように意見表明権を持っている。私たちの取り組みでは、この意見表明権を「決定権」ととらえ直した。それは、子どもたちがいくら意見を言っても最終的には、教職員の側が決定するのでは、「どうせ何を言っても、最後には……」という思いを残すだけである。それは、権利主体として、行事づくりに参加しているとは言い難い。自分たちの意見で決定することができるからこそ、意見表明の意義を実感することができると考えて、意見表明権＝「決定権」ととらえ直し、取り組みを進めた。（30頁）

「意見表明権」はイコール「決定権」だというのは、強引な説明だと思いますが、ここでは気持ちというか心意気をくんでおきたいと思います。でもそうした生徒たちの「参加」にブレーキが掛かるのはやはり先生たちの思いでした。

すでに述べたとおり、子ども参加の取り組みを進めていくうえで壁となるであろう第一のものは、教職員の意識であった。ずっと持ち続けている学校・子どもに対する意識である教育観・子ども観と子ども参加の意識とのずれである。（52頁）

子ども参加実践に取り組む前の子ども観は、現在のものと大きく違っていた。「子どもなんだからそこまでやらせなくても」と、私たちが行おうとしていた子ども参加の取り組みを否定するような意識があった。「子どもなんだから経験がない。やはり指導がもっとも大切だ」と、子どもの意見や思いを尊重することよりも先生が手を尽くし指導し、それが学校教育としての結果とする教育観を持っていた。「うちの子どもたちはまだそんな力がついていないのだから、力がついてからその力に応じて取り組んでいけばいい」と、子どもが本来持っている権利をあたかも何かできたときのご褒美のように扱う意識もあった。「全部ではないけれどこの部分は子どもたちに任せているんだから」と、子どもの動ける場所を教職員が制限し、囲い込みの中で自由にさせている錯覚を持っていた。

そうしたなか、子どもが何を言おうと最終的な決定は教職員の都合にゆだねられていた。教職員の価値観を子どもに押しつけていたのである。そのなかで子どもたちには、「どうせ言っても」という思いが生まれる。そうした子どもたちは、教職員の顔色をうかがい、その求めに応じて発言したり動いたりするだけのものとなってしまっていた。「言うことはやるが、自分たちで考えたり新しいことに挑戦しようとする態度が乏しい」というようなよく聞かれる子ども像は、こうしたことから生まれているのではないかと考える。（53頁）

でも、保護者からの不安の声も上がってきていました。

多くの保護者は「自主的に」という部分には賛成をしてくれたが、すべてを子どもたちの手でという部分では、とまどいや不安感を持っていたに違いない。（略）

学習に対する不安を持つ保護者もいた。また教職員の「待ち」の姿勢が、「放任」と誤解されることもあった。２０００年度の終わりのことである。保護者の中から不信の声が上がった。「取り組みの意義はわかるけど、勉強は大丈夫なの？」「子どもたちが一生懸命活動している時に先生たちは休んでいるんじゃないの？」などの声である。こうした声は徐々に大きくなり、人数的には少なかった声が大きくなりはじめていった。このままでは取り組み自体が揺らぎかねない事態になると、教職員は危機感を募らせていった。（56頁）

結局は、保護者との話し合いに掛かっていきました。「教育懇談会」という場を設けて、何度も話合いがされたということでした。それが学校の取り組みの理解につながっていったと伊藤先生は説明されていました。生徒たちの実践についても次のような場面を紹介されていました。

学習発表会では5年生も学年総会を開き、自分たちの発表を劇、器楽、歌に決めた。台本を作り、曲を決め、道具を作り、練習実行委員が中心となり、本番に向けて自分たちの力でがんばっていた。

ある時は、自分たちだけでちゃんと練習ができるか確かめるため、「先生は職員室に戻っていて」と言うこともあった。

本番を迎え、劇、歌、器楽の順に進む5年生の発表は、劇が終わり、歌へと並びかえたところで、事件が起きた。態勢は整っているのになかなか曲が入らない。並んでいる状態から1人、また1人と放送室のほうへ駆けていく。何が起きたのか子どもたちに聞いてみると、使うはずのCDがない、とのことだった。どうするのか静観していると、だれからともなく、「器楽からやろうよ」という声が出てきて、順番を変更し、器楽、歌とすることで問題を解決し、発表を終えることができた。

　ここで、すごいなと感じたことが二つあった。一つは、子どもたちが、観客のいる本番にもかかわらず、とっさの対応で問題を解決できたことである。本番まで自分たちの力で練習し、発表を作りあげてきたことで、何があっても大丈夫だという自信があったのだろう。もう一つは、教職員から「あの場面で、子どもが自分たちで順番を変更してやったことがすごいね」と、失敗した原因などを指摘するのではなく、子どもたちの今までの取り組みも含めて認められているという意識を持てたことである。（38頁）

試行錯誤はあったと思うのですが、それでも生徒プランを教室や学校に生かせる取り組みが、思い切って実践され、失敗も含みながら、そういう実践が可能であることを示してくれた幕別町札内北小学校の取り組みの功績はとても大きいと言わざるをえません。学校の規模や生徒の人数のこともあるでしょうし、とうてい生徒プランなど立てられそうにもないと思われている先生もおられると思います。それでも、生徒たちが、自分たちで行事のプランを立てて、学校の運営に参加することができている学校が現実にあるということは、とても大きな出来事だと私は感じています。

こういう取り組みができるのなら、教室に広場という実践も、十分にできていくと思わないわけにはいかないからです。とくに生徒たちが、本当の意味で**「意見」の言いにくいことを、生徒が準**

備する「安全圏」の確保の中で「話し＝表明」できるようになるというのは、何とうれしいことだろうと思います。まさにそこに「子どもの権利条約の心」が実現されていると思えるからです。

4　18歳成人に向けての「広場」つくりについて

振り返ってみると、**「広場」の特徴は、「外＝公共の世界」に通じる道をつくる**というものでした。だから「広場」はどこかにあるのではなく、「外」に通じる道をもちたいと思う者同士が、自分たちでその「交わる」ところを「広場」としてつくる、確保するという意志をもってつくることなしには存在しないものでした。そして、それは先生がつくることのできないものでした。というのも、先生はすでに「大人」であり「外」の世界にはしっかりとつながっていたからです。でも子どもたちはそこが全く不安定なのです。子ども同士でつながっていたいのに、そのつながりが「掟」になると、「外」へ出ることができなくなってしまいます。だから子どもたちは、特別な強い意志でもって「広場」をつくろうとしない限り、「掟」を突き抜けて「外」へ出る通路は持ち得ないのです。

「広場」をつくると言いましたが、すでに一つの教室には、三十人ほどの人が「遠く」からきて集まっているのですから、**みんなはその「交差点」にいる**わけです。「交差点」にいるのですが、でもそこが「交わり、交易する場」としてはうまくイメージできないでいるのが現状です。というのも「教室の時間」は「授業の時間」としてとられていて、自分たちの「交易する時間」などに使える余地はどこにもないように感じ取られているからです。

そういう意味でいえば「広場」は教室のどこにもないのです。でも実際に三十人はそこにいて、三十の道はそこで交わっているのですから、**その交わっているところを「広場」として意識し、それを「精神の構造物」として立ち上げるかどうか**は、建築学的なデザインの力も必要なのです。

先に紹介した二人の方の発想は、この広場つくりのデザインにとても参考になるのではないかと私は思っています。工藤和美氏は、現実の建築物の中に「広場」をつくるイメージをひろげさせてくれましたし、北海道の十勝の先生方の取り組みは、生徒のプランを立てる力、その実行と成果と反省までができる力を実際に見せてくれました。実際に、「広場」は、そこに集まる者によって運営されなくてはならないので、そういう「広場」つくりの物理的なデザインと精神的なデザインの組み合わせのイメージの可能性は、お二人の話から広げてもらえたのではないかと感じています。

それでここからは、この「広場」つくりが果たすもう一つの重要な側面を指摘しておきたいと思います。それは**18歳成人に向けての生徒たちの育ち合いのあり方について**です。

10歳からの「広場」の体験を踏まえて学年を上がってゆく生徒たちは、多くの課題を自分たちで解決できる知恵を身につけて育ってゆくと考えます。**「自分たちで解決する」とは、出てきた課題に対して「話し」を「公の場」に出してするというという知恵をもつこと**です。

こうした体験を積み重ねて、少しずつ生徒たちは10歳から「公の人」として立ち振る舞う知恵を身につけて育つことになります。このことは何を意味するのかというと、18歳成人、18歳選挙人にむけて、10歳から準備を始めてゆくということです。

「18歳成人」に向けて従来の法の改正がなされるなかで、さまざまな分野の懸案事項が検討されました。中でも、18歳、19歳の「消費者被害の拡大」を防ぐための法改正が早くから問題になっていました。お金をめぐるトラブルです。おかしな商品を買わされたときに、早く気がついて、自ら訴えるようなことができるのか、「大人」たちは大変心配してきました。18歳、19歳が「親などの法定代理人の同意なくローンなどの契約を結べるようになる」ということも、不安でした。未成年であれば、「親の同意のない法律行為を取り消すことができる」という「未成年者取消権」で防止できたものが、それができなくなる年齢層に向けて、悪徳業者が言葉巧みにローンを組ませて、欲しい高額の商品を買わせるようなことがはじまるのではないか。恋愛感情を利用してデート商法などで高額の商品を買わせたりする罠にひっかかるのではないか、などなど、「親」が「親権」を持っていれば防止できたことが、親の目の届かないところで、ひどい被害に遭うのではないか。もちろんこうしたことへの対策は国としても立てているとのことですし、国の法的な予防措置も必要ですが、自分たち一人一人が、そういう詐欺や欺しに立ち向かえる心構えを育ててゆかなくてはなりません。それは一体どこでなされるのでしょうか。

内閣直属の司法制度改革審議会が二〇〇一年に出した「意見書」では、「国民」を「統治主体・権利主体」として捉え、国民が裁判に関与する「裁判員」制度の導入を提唱し、「学校教育等における司法に関する学習機会を充実させることが望まれる。このため、教育関係者や法曹関係者が積極的役割を果たすことが求められている」としています。

これに対応してということになるのでしょうか、二〇〇二年度の日本弁護士連合会（日弁連）執行部は、活動方針の六番目の柱として「法教育」を掲げて、これに積極的に取り組む姿勢を示しました（『法教育―21世紀を生きるこどもたちのために』現代人文社、二〇〇二年）。つまり「法の教育」を早くからすれば、子どもたちを悪徳業者から守ってゆけるし、「法的な主体」が学べてゆけるのではないかというわけです。

もちろん座学として、テキストを読んで学ぶ「法教育」も必要です。とくに一人前の消費者として扱われることになる18歳が、知識として知っておかなくてはならないことはたくさんあると思います。けれども、国籍選択の問題、性別の問題、様々な問題が、高校生のときに考えるように迫られる生徒も出てきます。

こういう事態になるということはどういうことかというと、すでに高校生になる時は「成人」になるための「準備」は受けていないといけなくなるということなのです。その「成人」となるということの意味は、「公共の人」として自分を立ち上げてゆけるということを意味しているのです。

「公共の人＝法の人」の自覚です。

それが始まるのは、**高校生からでは遅すぎます**。それが有効に実践できはじめるのが10歳の「広場」つくりからだと私は思います。

「二分の一成人式」を「広場」つくりから

「二分の一成人式」いうイベントが、どこの学校でも行なわれています。先に紹介した博多小学校でも行なわれている様子がユーチューブで見られます。20歳成人式を半分に割った10歳が、ちょうど「二分の一成人式」になるというわけです。

そこで小学4年生たちは、親や先生達と一緒に、成人の半分まで育ってきたということを祝ってさまざまなイベントを実施してきました。

「二分の一成人式」の内容は、学校によって様々です。十年間を振り返って文集をつくる。十年後の自分宛に手紙を書いてタイムカプセルに入れる。「未成年の主張」のようなものをしたり、親への感謝の言葉を発表したりするところもあれば、劇や合奏を披露したり、郷土の伝統芸能を再現させたり、いろいろと工夫が凝らされています。博多小学校の「二分の一成人式」では、将来自分のやりたい夢を、講堂の壇上に上がって一人一人大きな声で述べるというものでした。「サッカー選手になりたい」とか「漫画家になりたい」など、将来の夢は様々で、同じものはありませんでした。

確かに手作りのイベントをする楽しい「二分の一成人式」があっていいと思います。それでも、せっかくそういう成人式に向けてという趣旨のイベントであれば、実質的に「18歳成人式」に向けたものを児童と一緒につくり出すほうが、児童にとってははるかにプラスになるのではないかという気がしています。それはやはり**「広場」の創設**です。

実質的にこの「広場」の設置と運営を任されることが、「二分の一成人式」の大きな名誉になるでしょう。このことがみんなで実践できたら何と良いことだろうと思います。そしてこの「広場」つくりを通して、「公共の人」「法の人」になってゆくことが宣言されてゆけば、何とすばらしい「二分の一成人式」になることかと思います。

第6章　いじめ　出来事と研究
（「大津市中2自殺事件」と森田洋司『いじめとは何か』）

1　「二〇一一年大津市中2いじめ自殺事件」の経過とその変わらない対応

1　「いじめ自殺事件」がまた起こった

大津市中2いじめ自殺事件は、二〇一一年十月十一日滋賀県大津市内の中学校で、2年生の男子生徒がいじめを苦に自殺した事件です。当時のテレビや新聞では、学校と教育委員会の隠蔽体質が問題視され、連日大きく報道されました。一体この陰惨な事件はどういうものであったのか、その問題点を調べてみたいと思います。そして、この事件を受けて、二〇一三年、いじめ防止対策推進法が国会で可決されました。この「いじめ防止対策推進法」は本当に有効なのか、そのことを考えるためにも、この大津市中2いじめ自殺事件の核心の部分は見つめておかなくては、と思います。
参考にしたのは、共同通信大阪社会部『大津市中2いじめ自殺』（PHP新書、二〇一三年）、越直美『教室のいじめとたたかう』（ワニブックス、二〇一四年）です。

事件の概略。

①二〇一一年九月、運動公園で開かれた体育大会で、男子生徒の手足を鉢巻きで縛り、口を粘着テープで塞ぐなどの行為を行った。（112頁）
②十月八日には被害者宅を訪れ、自宅から貴金属や財布を盗んだ。
③被害者は自殺前日に自殺を仄めかすメールを加害者らに送ったが、加害者らは相手にしなかった。
④男子生徒は十月十一日、自宅マンションから飛び降り自殺した。
⑤学校と教育委員会は自殺後に、「自殺の練習をさせられていた」との情報を全校生徒のアンケートで得ながら、調査を打ち切った。「隠したとは捉えていない」と釈明したが、世間からは「隠蔽」「お粗末な対応」と激しく非難された。市教委は記名で書いた四人を中心に話を聞いたが、直接見聞きしたわけではないことがわかり、「事実とは確認できない」と判断。記載内容を公開せず、調査を打ち切った。（66頁）
⑥後の報道機関の取材で、学校側は生徒が自殺する六日前に「生徒がいじめを受けている」との

報告を受け、担任らが対応を検討した事は認めたが、当時は「一般論として、ケンカがいじめにつながることが多いという話がされた。今回はそう受けとめなかった」と説明した。（68頁）

以上は、共同通信大阪社会部『大津市中2いじめ自殺』からのまとめですが、この項目について、当時の新聞記事をたどって確認したいと思います。

①について。毎日新聞（2012・7・12）。タイトル「大津いじめ自殺：体育祭暴行20人目撃アンケートで回答」。

捜査関係者や市教育委関係者によると、男子生徒が昨年十月に自殺した直後、学校が全校生徒に実施したアンケートで、生徒二十人が昨年九月の体育祭での男子生徒への加害行為を目撃したと答えた。二十人には、男子生徒の同級生の二年生（当時）だけでなく、複数の一年生（同）も含まれていた。

具体的には、男子生徒が同級生数人から、「手を後ろで縛られていた」「ガムテープやひものようなもので手足を縛られていた」「眼鏡を外され、手を縛られた状態で『（眼鏡を）取ってこい』と言って歩かせた」など。「殴られていた」「集団リンチのようなことをされていた」「死んだ蜂を口に入れられていた」などの内容もあつた。伝聞として同様の内容を把握していると回答した生徒も二十四人に上った。

②について。東京新聞（2012・7・15）朝刊。タイトル「大津のいじめ　自殺の中2　40万円工面　3カ月前から貯金などで」。

大津市の市立皇子山中《おうじやま》2年の男子生徒が昨年十月にマンションから飛び降り自殺した事件で、男子生徒は亡くなる三カ月前から自分の貯金から現金を引き出したり、親戚の財布から抜き取ったりし、これらの総額が四十万円前後に上っていた。生徒を知る関係者が十四日、明らかにした。自殺直後に中学校が全生徒に実施したアンケートには、いじめたとされる同級生から男子生徒に「金銭の要求があった」との回答が伝聞として十五件あった。

関係者によると、男子生徒は昨年七～八月、三回にわたってお年玉などをためていた郵便貯金から十二万四千円を下ろしていた。ほかにも数回にわたって引き出したり、親戚の財布や親戚が経営する店のレジから金を取ったという。

アンケートでは、同級生が「お金を持ってくるように脅していた」「キャッシュカードの暗証番号を教えろと言った」とする回答があった。いずれも伝聞だが、六人は実名を記しての回答だった。

③について。共同通信大阪社会部『大津市中2いじめ自殺』（236頁）

アンケートは自殺直後の昨年十月中旬に任意で実施し、三三〇人から回答があった。記名無記名は自由で「男子について（自分が）見たり聞いたりしたこと」を尋ねた。一～三年の十五人が伝聞形式で「（いじめた生徒が）男子に『自殺の練習してたんか』と言っていた」「毎日自殺の練習をさせられていた」などと記載。「自殺の練習」の具体的内容に触れたものはなかったが、記名で提出した生徒もいた。

また男子について「いじめていた人に『明日死にます』とメールを送った」「がんの友達に命をあげると話していた」など、いじめと自殺の関連を示唆する回答もあった。
⑤について。東京新聞（2012・7・15）朝刊。
この事件では、生徒が自殺する前に二回、女子生徒が「男子生徒がいじめられている」と担任に声を掛けたものの、学校側は「けんか」と判断するなどして生かせていなかった。藤本一夫校長（59）は十四日、昨年十一月以来、八カ月ぶりに会見し「その場できちんといじめを疑えば、被害は軽減できた可能性があった。自殺した生徒と保護者に申し訳ない」と謝罪した。

一回目は昨年九月三十日の放課後、二回目は自殺する六日前の昨年十月五日の午後、それぞれ女子生徒が担任に「いじめです」などと声を掛けた。だが担任は男子生徒といじめたとされる同級生に個別に話を聞き、「けんかです」と答えるなどしたため、いじめではないと判断した。

この後、学校側は、担任や学年主任、教育指導担当の教師ら五人ほどで緊急の会議をしたが、「けんかはいじめにつながる可能性があるので注意が必要」と申し合わせた程度にとどめた。
⑥について。読売新聞（2012・4・14）夕刊「中2自殺6日前、複数教諭がいじめの可能性疑う」
いじめを苦に自殺したとされる問題で、担任ら複数の教諭が、自殺六日前の同月五日、男子生徒と加害者とされる同級生らとの間のトラブルを認知し、いじめの可能性を疑っていたことが、市教

委への取材でわかった。

市教委や学校はこれまで「男子生徒が亡くなるまで、いじめの認識はなかった」と説明していた。

市教委によると、昨年十一月五日、校内のトイレで同級生が男子生徒を殴り「やり返してこなければ、もっとひどいことをするぞ」と挑発。このため男子生徒も殴り返したという。

目撃した女子生徒から連絡を受けた学年主任と担任は、同級生と男子生徒から事情を聞いた結果、二人とも暴力を振るったことから、けんかと思い、双方に謝罪させた。その後、男子生徒に「大丈夫か」と尋ねたところ「大丈夫。仲良くする」と答えたという。

しかし担任らは女子生徒から「あれはいじめ」との指摘を受け、以前にも同様の情報があったため、この時点で「いじめの可能性もある」と判断、同月十一日に当事者から事実確認を行なう予定だったが、同日朝、男子生徒は自宅マンションから飛び降り、亡くなった。
⑥についてもう一つ。ＮＨＫ　Newsweb（２０１２・４・14）。タイトル「大津市教育長〝警察との連携不十分だった〟」。
この問題で大津市議会は、教育委員会の調査や対応が十分だったのか確認する必要があるとして、委員会を開き、全校生徒を対象に行なわれたアンケートの内容などについて教育委員会から報告を受けました。

この中で、議員から「アンケートの事実関係を確認しないなど真剣さが足りなかったのではないか」という指摘や、「いじめは犯罪行為だという認識はなかったのか」といった厳しい質問が相次ぎました。

これに対して、澤村教育長は「結果的にどこかの時点で捜査機関に相談することが必要だったと思う」と述べ、警察との連携が不十分だったという認識を示しました。

経過は以上のように報道されてきました。こういう痛ましい出来事の経過は、これまで**何度も何度も同じようなパターンとして発生**してきました。同じようなというのは、自死の起こった後で、学校や教育委員会がいじめではなかったという報告をし、両親が学校の対応への不備を訴えて、マスコミも独自に当時の生徒への聞き込みなどをする中から、いじめがあったのではということになり、ようやく学校が全学アンケートを取ると多くの生徒がそのいじめを知っていたということがわかり、改めて学校も教育委員会も謝罪をすることになり、その不手際もまたマスコミで大々的に報道され、世間の注目を浴びることになるというパターンです。そして、文科省もそのつど「いじめ対策」の新施策を打ち出すという経過をたどってきました。

事件がこういう展開を見せると、学校や教育委員会の隠蔽体質や、不手際ばかりがクローズアップされ、事件の真相がなかなか見えないままに時が流れます。実際にマスコミが「問題」にできるのは、目の前で、右往左往している学校や教育委員会しかないわけで、当の加害者とされる生徒たちにも、少年法の規制があって、十分に取材ができるわけではありません。あとは公表される「全学アンケート」や周辺への聞き込みに頼るしかないわけで、そういうアンケートの中身と事実との関連も、確認を取るのは容易ではありません。
そして、マスコミで報道されている間は、生徒たちも自重するように見えて、報道が下火になり始めると、**「新対策」は機能せずに、またいじめや自死が始まる**というパターンがくり返されてきました。

この事件について、後の経過は次のようなものでした。

「県警は十二月、暴行や窃盗、器物損壊の疑いで、加害側の生徒三人のうち事件当時十四歳だった二人を書類送検し、刑事罰の対象とならない十三歳だった一人を児童相談所へ送致した。また男子生徒の自殺後、女性教諭に重傷を負わせたとして、傷害容疑でも三人のうち一人を書類送検した。」

（共同通信大阪社会部『大津市中2いじめ自殺』、112頁）

そしてさらに、その後報じられたものとしては、次のようなものがありました。

産経新聞（2012・1・30）タイトル「元同級生、法廷で初めて謝罪…ハチ食べさせたのは「遊びの延長」と主張」

遺族が、加害者とされる元同級生らに損害賠償を求めた訴訟の口頭弁論が七日、大津地裁であった。元同級生の一人は尋問で「謝りたいことはいっぱい。忘れたことは一度もない」と述べた。
原告側の代理人弁護士によると、元同級生が公の場で謝罪するのは初めて。代理人は閉廷後、報道陣に「尋問は意義があった。生徒の父親も、謝罪をどう受け止めるべきかわからないという心境」と話した。

この日の口頭弁論で、元同級生三人のうち一人の尋問が行なわれた。

元同級生は、ハチを食べさせるなどの加害行為は**罰ゲーム**で、遊びの延長だったとして「（生徒を）傷つけたことはない」と主張。その上で、生徒の父親から謝罪の気持ちを問われると、「謝りたい」などと答えた。


いつものように少年事件にまつわる取材のしにくさもあり、事件の全貌を知ることはなかなか難しいのですが、共同通信大阪社会部『大津市中2いじめ自殺』のような精力的な取材で、知られなかったことも見えてきています。それでも、この事件の報道されている部分をたどると、そこには、またかという既視感をどうしても感じさせられるものがでてくるのです。

それは、最初は楽しい「遊び仲間」であったはずのものたちが、いつの間にか勝ち負けを決める遊びを通して**「負けた者」の「罰ゲーム」**を面白がり始めます。**「遊び」が「いじめ」に質的に変化してゆく瞬間**です。この「罰ゲーム」が、「罰」として「負債」を要求することになり、その**「負債」が「金の支払い」になっていく**と、事態は一気に変わってきます。負債者が金の支払者に変わってゆくからです。

夏休みまでは、遊び仲間だったのに、九月になると事態は急変していたのは、「遊び」のようにみせかけながら、「負債」と「金」をめぐる動きを九月から加速し始めていたのです。加害者たちは、「遊び」ながら、「金」が手に入る味を覚えてしまったのです。彼らがみせる「プロレスごっこ」が、一線を越えていたことは周囲の多くの生徒が感じていました。そのことは、共同通信大阪社会部『大津市中2いじめ自殺』の取材でも明らかにされています。先生への報告も何度もなされていました。でも、「プロレスごっこ」は「遊び」に見えるし、加害者も被害者も「遊び」だったと教師の前でも「説明」するものですから、それ以上におとがめを科すことは教師にもできなかったのです。

ここでしっかりと理解されないといけないことは、「遊び」の「罰ゲーム」が「金銭」に結びついてゆくことの怖さについてです。見た目では「遊び」にしか見えないものが、実は裏で「金銭」に関わるものになっているということを、第三者が見抜くことは不可能だからです。

普通に遊んでいるトランプゲームでも、その勝ち負けに誰かがお金を賭けていたとしても、それは賭けているもの同士でしかわからないものです。いじめが「見えない」というのは、そういうところなのです。「プロレスごっこ」など、教室ではしょっちゅうしていることですから、どの「プロレスごっこ」が「金銭」につながっているかなどということは、誰にも見えないのです。もし学校に「見回り人」が一〇〇人いたとしても、彼らが見る「プロレスごっこ」が、ふつうの遊びなのか、金銭にまつわるものかを見わけることは不可能です。だから「見のがしてしまう」ことになるのです。でもそういうことは**いくら「見回り人」を増やしても見えない**のです。

こういうこと、つまり「遊び」の「罰」が「金銭」の要求につながるところから、いっきに「遊び」のレベルが質的な変化をおこすということ、そしてその質的な変化が、暴力団の負債取り立てのような様相を見せるということ、そういうことはすでに、『寄宿生テルレスの混乱』『デーミアン』などの文学作品に描き込まれてきたものでした。**私たちはそういう文学から、学ぶことができていない**のです。

ここで本当にしっかり理解しなくてはいけないことは、**なぜたわいのない遊びの「罰ゲーム」の「罰」が、暴力団の取り立てのような醜悪な様相に激変していくのか**ということについてです。それは「罰」の意識が「法の意識」に基づくところからはじまっているのです。トランプのゲームで負けた者が10円支払うことになったとしましょう。10円くらいだから、最初はいいのですが、この10円をあいにく持ち合わせていなかった時には、たかが10円ですけれど、支払えない者になってしまうのです。その結果、そのお詫びに次に100円にして返すということも決めようと思えばできることになります。相手は10円の支払いの約束を破っているからです。

ここで怖いのは、支払いを要求するほうは、無茶を言っているのではなく、そういうことを要求する権利があるとわかってやっているところです。そして、要求されるほうも、自分に「落ち度」があるからそうなっているとわかってしまっているところです。要求するほうは、それに応じられない相手にさらに過大な金銭をかぶせて要求するすべを知り、それを断れば痛めつけてでもそれをさせようとすることになります。問題は、要求するほうが、自分たちにはそういうことをする権利があると思っていることであり、逆にされるほうは「自分が悪いからそうなっている」と思ってしまうところです。

つまり、要求者には法的に要求する権限があるという思い、**「正義」は自分たちのほうにあると思ってしまうところにあるのです。**暴力団が債務者にひどい取り立てをする、と思っている人がいるかもしれませんが、彼らがなぜそんな過剰で非情な取り立てができるのかというと、彼らが冷血漢だからではなく、自分たちは「法」にもとづいて「負債」の「支払い」を求めているだけで、自分たちに「正義」があると思っているからなのです。**「遊び」が「いじめ」に質的に変化する時も、彼らの膨れあがる暴力も、彼ら流の「法的な正義」に裏打ちされる感覚が出てきている**からなのです。アメリカの白人の警官が、つかまえた黒人の容疑者を地面に押さえつけ、トコトン暴力を振るう場面が報道されたりします。「正義」があると感じるものは、「正義」から外れたとみなすものにトコトン暴力を振るうことは、歴史の中でも何度も見てきたことでした。

そういう背景をもって生じていた大津市中2いじめ自殺事件も、その見えないところをよく見るように理解しないといけません。そして、その対策は、「掟＝子ども法」に目覚める子どもたちに、いかに「法＝大人法」が優位にあるかということを教え、その「掟＝子ども法」と「法＝大人法」の間の通路をつかえば、**いつでも「掟＝子ども法」から抜け出せることを早い段階から教えることだったことがわかります。**そのための方法は、教室に「広場」をつくり出し、生徒たちにそこでの運営を任せる体験を積み重ねる以外にないのです。そのことを訴えながら、この事件の起こった大津市の当時の市長であった越直美氏の書いた本を見てみたいと思います。

2　越直美『教室のいじめとたたかう』

この事件を受けて、当時の市長だった越直美氏が『教室のいじめとたたかう』を出版されました。そこでは自分も小学校3年からいじめを受けていた体験を語り、その苦しさ、悔しさを切々と訴えておられました。そこから、人ごとではない思いを込めて「いじめと闘う」ことを決意され、その「対策」をこの本に書かれたのですが、「対策」になっているのかどうか、その中身を見てみたいと思います。越市長は、とにかく子どもの声を聴かなくてはいうことで、こういうことから始めています。

> 市役所には、いじめ対策推進室の相談があります。しかし子どもにとっては、市役所の敷居は高いものです。そこで相談調査専門員は、電話を受けると、どこにでも行って話を聞きます。自宅、自宅近くの公民館、公園で話を聞くこともあります。（114頁）

学校の外に「いじめ対策推進室」があって、そこにいる「相談調査専門員」が相談を受けるというパターンです。どこへでも行って話を聞きますよという設定がいかにも話を聞きやすそうに見せていますが、本当は遠い相談室です。越市長はこんなことも書いていました。「私が小学校を訪れたとき、小学生からこんな話がありました。携帯電話を持っていないし、家の電話もお金がかかるので使えない」「切手を自由に使えないから、相談の手紙を送れない。」（123頁）それでも越市長は、学校の外の相談機関は大事だとしてこう書いています。

第三者調査委員会の報告書においても、このように提言されています。

「学校外に子ども自らが救済を求めることができる第三者機関が是が非でも必要である。その機関は中立てに係る子どもの情報の守秘と身辺の安全を保障しながら救済及び権利回復に向けて迅速に活動し、提言を行わなければならない。これを第三者機関あるいは「オンブズマン（オンブズパーソン）という」（116頁）

横文字やカタカナを使えば新しさが出るかのようですが、**子どもにとっての「第三者機関」はいつもくせ者です。戦場は教室なのですから、そこでの解決策が模索されるべきなのです。**それでも「第三者機関」で、子どもの「話し」「相談」は聞けているかのような説明がなされます。

確かに越市長も「話をする」「話を聞く」「相談をする」ということが難しいことをよく感じておられます。それだからこそ、大人が、一人の生徒の話を密室（たとえ公園ででも）で聞くという従来の相談スタイルだけに頼っていてはいけないということに、もっと気がつかれるべきなのです。

そのためには、**「相談事」が大きくなってから、さあ相談にいらっしゃいのスタイルでは、間に合わないということです**。そのことにも、もちろん越市長は気がついておられます。

大津の子どもをいじめから守る委員会は、いじめや悩みが起こってからの相談ですが、そもそも、いじめが起こらないような環境づくりも進めていかなければなりません。そのための子どもの主体的な活動や教育・啓発も盛り込みました。また、平成26年5月に、すべての大津市立小中学校が、それぞれの学校が行動計画に基づいて取り組む「学校いじめ防止基本方針」を定めました。

例えば、こんな取り組みもあります。ピア・サポートプログラム。子ども同士による支援活動です。ある中学校では、生徒会の保健委員会が中心になって、生徒の悩みを集めて、その悩みについて別の生徒が答えたりしています。（125頁）

意外に思われるかもしれませんが、「相談」の対応は、それが起こった時、時間を長引かせないうちに、**子ども同士で解決できる道のあることが、ここで示されています**。それは「ピア・サポートプログラム」とか「子ども同士による支援活動」とここでは呼ばれていて、「生徒会の保健委員会」のようなところでの仕事として紹介されています。が、本当はこういう方向が学校の最も大事な方向としてどんどん真ん中に位置づけされなくてならないのではないか、と私は思います。

たとえばそういう方向と関係があるのでしょうか。次のような取り組みが報告されていました。

いじめ防止行動計画においても、子どもが自分で考え、それを意見表明できる環境づくりをすることを掲げています。子どもには、子どもにしかわからないこと、大人が忘れてしまっていることがあります。

例えば、ある中学校では、男子と女子のそれぞれのいじめについてビデオを作成していました。

男子は、プロレスごっこをテーマにしていました。数人がプロレスごっこをしていて、一見遊びのようですが、されている子はいやな顔をしています。それをまわりで見ている子もいます。これは、いじめなのか。学校の集会でビデオを流して、途中で止めて、子どもたち自身が考えるようになっています。

女子のビデオは、お弁当を一緒に食べるグループから陰口を言われて、外されてしまうというものでした。面と向かってではない女の子の陰口の言い方や雰囲気、そして、外された女の子が別のグループに声をかけるところなど、私のかつての経験と似ていて、とても共感しました。大人ではなかなかこのようなビデオをつくることはできません。

学校を訪れてビデオを作成した子どもたちと意見交換した際に、ビデオを流した後、プロレスごっこが見られなくなったと聞きました。中学生の視点からのビデオだからこそ、プロレス

をしていた子たちや、それを見ていたまわりの子たちが、いじめであることを意識した結果ではないかと思います。（127頁）

生徒たちが、こういうビデオを制作したということが、とても大事なのだと私は思います。大人たちがそういうものをつくり、道徳の時間にそれを見せて感想を言わせたりしても、それは「感想」にすぎません。もし生徒たちがそういうビデオをつくったのだとしたら、誰かが、そのビデオの監督、出演者、ストーリーを決めなくてはなりませんでしたし、それを撮影する時間をどこかでつくらなくてはなりませんでした。越市長はビデオの中身が自分のいじめられていた光景に似ているところに感心しておられましたが、感心すべきところは、本当はそんなところにはなかったのです。

感心すべきところは、生徒たち自身が、プランを立て、時間をつくり、協力してビデオをつくったというところであって、そういう自主的な活動のできる場や時間が具体的に求められているところに目を向けなくてはならなかったのです。ちなみにいえば、「プロレスごっこ」自体が悪いわけではありませんでした。ただしビデオの「プロレスごっこ」をみて、それが、「罰」や「負債」の仕掛けに使われていないかどうかまでを知ることはとても難しいのです。でも想像力を膨らませてそこまでの話し合いができるのなら、それはとても意義があると私は思っています。そういう話し合う力を持っている生徒から、自分たちを飛び越しては困るという意見を生徒自身から越市長はすでに聞いていました。

「先生たちは急がないで。まず、謝罪はだめ」
「僕たちを飛び越えて、親と話を進めないでほしい」
「スクールカウセラーより、購買のおばちゃんのほうが話しやすい」
このような子どもたちの声を、もっと大津市のいじめ対策に反映していきたいと思っています。（128頁）

「**スクールカウンセラーより、購買のおばちゃんのほうが話しやすい**」という生徒の一言は市のいじめ対策への強烈な一撃です。そういう一言を本の中で紹介されながらも、越氏は市長として、次のようなことも書かなくてはなりませんでした。

教育委員会が変わったとしても、現場である学校が変わらなければ、いじめはなくなりません。そこで、大津市内のすべての公立小中学校に、新たに、いじめ対策担当教員を配置しました。

実は、平成25年度のいじめ対策予算の約3億4千万円のうち、約2億3千万円がいじめ対策担当教員を専任化するための予算ですので、最も多く税金をかけたことになります。

いじめ対策担当教員は、いじめの問題を専門に扱う教員で、基本的に担任を持ちません。いじめ対策担当教員は、各学校でいじめ対策を推進する要で、担任がいじめやいじめの疑いを発見した場合や、子どもや保護者から相談があったばあいなどに、いじめに関する情報を一元化して集約します。（137頁）

あれほど、生徒がつくるビデオがよかったと言いながら、そういうものをつくる「生徒」の力をもっと発揮できるように指導するのかというと、そうではなく、またもや従来のように**「大人」に頼る取り組みを相も変わらず続けている**ことを自慢されています。そのために「約2億3千万円がいじめ対策担当教員を専任化するための予算ですので、最も多く税金をかけたことになります」と。これは市民の税金を「人件費」だけに使ったことの自慢なのか正当化なのかわからない説明です。私はそういう予算があれば、教室の「広場」つくりにもっと貢献できるのにと思いました。もちろん、こういう予算を使った取り組みは、多くの学校でされていると思います。

普段、いじめ対策担当教員は、授業中、休み時間、放課後などにパトロールや子どもへの声掛けをするなどして、いじめの防止や早期発見に努めています。例えば、あるいじめ対策担当教員は、下駄箱を見て、なくなっている靴や、いたずらされている靴がないかをチェックしています。学校によっては、いじめ対策担当教員が配属されていることを学校通信やＰＴＡ総会

で紹介し、保護者からの相談窓口としても機能しています。（138頁）

しかし、すでに見てきたように、一人や二人の「大人」が授業も持たずに**学校中を「見回り」していじめが見つけられると考える考え方自体が時代遅れなのです。**教室の中で起こっていることを一番知っているのは生徒自身です。先生には絶対に見えない生徒同士の心の動きも、生徒自身にはよく見えているのです。いくら「見回り」を増やしても、防犯カメラを各教室に一台ずつ設置しても、心の動きまでは見えません。それゆえに、生徒の引き起こす出来事を、一つ一つ取り上げ、**解決に導くことができるのも生徒自身**なのです。それだけの力を生徒は持っているにもかかわらず、そういう生徒の力を信じないで、まだ大人の手で、そういう解決をやってあげましょうとしている学校があるとすれば、そこからは、いつまでたっても本当の意味でのいじめはなくなっていかないのではないかと私は思います。

2　森田洋司『いじめとは何か』（中公新書、二〇一〇年）を批判的に読む

1　日本のいじめ――日本での「三つの波」という視点は正当か

森田洋司氏は、海外のいじめの研究を紹介しながら、日本でのいじめの研究を引っ張ってきた先駆者です。『いじめとは何か』には、そんな長年の海外の研究も踏まえた上での、総決算としてのまとめが書かれていると思います。

本の全体は以下のような6章に分かれています。

第1章　いじめの発見
第2章　日本での三つの波
第3章　いじめとは何か
第4章　内からの歯止め、外からの歯止め
第5章　私事化社会と市民性教育
第6章　いじめを止められる社会

読者の気になるのは、もちろん最後の「第6章　いじめを止められる社会」でしょう。そこはど

うしても見ておきたいところですが、まずは彼が日本のいじめの歴史をまとめている第2章からみていきたいと思います。

いじめは昔もあった。このことを認めるとすれば、それでは、なぜ昔は社会問題にならなかったのか。あるいは今のいじめは、昔とどう違うのかという疑問が湧いてくる。

日本でいじめが大きな関心を集め、新聞や雑誌で広く報道され、研究や調査が相次いで公表されたのは、１９８０年代前半のことである。いじめがこれほどまでに人々の関心を集めた事は、それ以前にいなかった。（4頁）

森田氏は研究者として、いじめは「80年代の発見」としたいので、「昔」からあったという人の言説には否定的です。そしてその彼の見解に同調する研究者はたくさんいました。何をもっていじめというのかも研究者によってまちまちの中で、八〇年代から始まるいじめの特徴は「陰湿化、長期化、集団化」にある、として、そういう「いじめは昔はなかった」というのです。すでに私は柏原兵三『長い道』の考察で、一年に及ぶ陰湿ないじめがあったことは作品を通して見てきています。「陰湿化、長期化、集団化」というような目印になるいじめは、昔からあったのです。

しかし八〇年代半ばには、マスメディアが、こぞっていじめによる自殺を大々的に報道し始めていたので、そこから受ける印象は、それ以前のいじめの印象とはずいぶん異なるものとして現れてきていたと思います。彼は次のことを指摘していました。

不安感情の昂揚は、いじめ自殺をきっかけとして、１９８４年から86年にかけてピークに達した。社会問題化の「完成期」である。特に85年には、全国各地でいじめ自殺が相次いで発生したことが報道されている。教育学者・高徳忍が新聞報道の限界をわきまえつつも作成した年表によれば小６女子１人、中１男子１人、女子１人、中２男子５人、女子２人、中３男子２人、女子１人、性別不記１人の計14人が自殺とされている。その翌年この時期の代表的ないじめ事件としてしばしば引用される「葬式ごっこ」による鹿川裕史君の自殺事件が発生している。（９頁）

自殺の現象を捉えて社会問題化の「完成期」などという表現も不適切ですが、八〇年代にこのように自殺者が急増したことを受けて、八〇年代から、それまでには見られない特異ないじめが始まったと研究者が見なすようになるのも、それはそれで一理あることです。しかし、自殺を誘引した個別のいじめの問題と、八〇年代にいじめが多発してきたいじめと呼ばれる出来事の捉え方は、後に述べるように分けて考えないといけないところがあります。そこがとても大事なところなのですが、森田氏には十分に区別されていないところがありました。

ともあれ、こうしたいじめ自殺の多発化を受けて、文科省も動き出したことがまとめられています。

文部省（現文部科学省）は、85年6月、協力者会議を開いて緊急提言を公表、10月には臨時教育審議会の会長が異例の緊急談話を発表した。さらに翌年の審議会答申では一節を割いて、いじめ施策の基本方針を打ち出している。また、今日に至るまで毎年実施されている実態調査も、この年度から始まるなど、いじめ問題は、国家の文教政策の課題として位置づけられるに至り、「全社会的な問題」へと移行することとなった。（9頁）

時代の流れは、文部省を動かすまでになっていたのですが、それで「全社会的な問題」へと移行することとなったというのは、言い過ぎです。そんなことはないのです。

そこで森田氏は日本にはいじめの三つの波があったと仮定して説明しています。

2　「第一の波」の時期

日本においていじめが社会問題として登場したのは１９８０年代の半ばである。（略）社会問題化の「第一の波」の到来である。（略）

このことは、その後、海外の状況に目を向ける防げとなった。いじめは日本固有の問題であり、海外にいじめはない、あったとしても被害も頻度も問題にならないほど小さいという誤っ

た認識が横行した。この誤解は、第二の波が訪れる1990年代の半ばまで続く。（40頁）

森田氏が「第一の波」と呼ぶのは、校内暴力が、七〇年代から増加して八三年にピークを迎え、その後逓減期に入っているという統計上の数値を元にしてのことでした。この時の対応としては、暴力を振るう加害者の生徒を取り締まるというものでした。それも、「加害者に教育的な指導で対処する」という日本特有の対応の仕方をしてきたものですから、表だった暴力沙汰は減っていっても、いじめそのものが減ってゆくということにはなりませんでした。この八〇年代の位置づけは、大学紛争の広がった七〇年代をどう見るのかという問題に深く関わっていきます（七〇年代は、学生の間に「ローカル法」が公然と主張され出した時代だと私は考えています）。

もちろん森田氏も一つ大事なところを指摘しています。それは日本でも、同和差別やエスニシティ差別などと関連して発生するいじめは、「第一の波」以前にも存在していたし、それが自殺事件となってメディアで報道されることもあったが、しかし、これらの出来事は、差別問題という文脈で扱われていたため、いじめ問題として扱う視点から抜け落ちてしまっていたという指摘です。ということは、いじめは八〇年以前からあったということなのです。

3 「第二の波」の時期

1994年、いじめによる深刻な被害が再びクローズアップされ、社会問題化の「第二の波」が訪れる。愛知県の大河内清輝君の自殺事件がきっかけであった。「第一の波」から10年。人々は悪質な事件が再び起きたことに衝撃を受け、いじめ論議が高まった。

1994年に入って、いじめが関係していると思われる自殺事件は、複数件報道されていた。そこに、大河内君の自殺と彼の自室の机の中にあった遺書の内容が衝撃を与えた。遺書により、繰り返しいじめを受け、中学生にとってはあまりにも高額な現金を数回にわたって要求され、次第に追い詰められていく彼の心理が明らかになったのである。（48頁）

この事件をもって「第二の波」などと呼んでよいのかは疑問ですが、「遺書」も公開され、多額の金銭の要求もあきらかになり、その悪質性には目に余るものがあり、事件は大きく報道されました。これはもう「いじめ」というようなレベルを超えているのではないかということも問題になり、そして「国」も「いじめ緊急対策会議」を設け、その審議結果をまとめた次のような報告も出されました。

「いじめの問題については、まず誰よりもいじめる側が悪いのだという認識に立ち、毅然とした態度で臨むことが必要である。いじめは卑劣な行為であり、人間として絶対に許されないという自覚を促す指導を行い、その責任の所在を明確にすることが重要である。社会で許されない行為は子どもでも許されないものであり、児童生徒に、何をしても責任も問われないという

感覚を持たせる事は教育上も望ましくないと考えられる。」（傍線、森田、50頁）

従来の対応では、学校現場での暴力行為やいじめについて、加害責任を求めず、可能な限り教育的指導にゆだねる傾向が対置されてきたのですが、こういう陰惨な事件が起こり、刑事事件になるような出来事になっているのに、警察が介入することについて学校側からは警戒感がしめされ、まだ自分たちの教育責任にこだわる説明がなされた感がありました。

しかしマスコミなどでは、学校といえども治外法権の場ではないという論調が現れ、いじめ緊急対策会議の報告では、これまでの加害者の対応に反省を促し、子どもたちに「行為責任」の感覚を意識させる必要性を強調しはじめました。

それでも、大河内君事件の報道では、自殺した大河内君側の報道は盛んになされても、少年法の制限もあり、加害者側についての報道は極めて少なく、国民の関心は、どうしても被害者の状況に向けられることにとどまりました。

そういう理解を踏まえ森田氏は、次のように指摘していました。

「第一の波」が、国民の認識の変化を求める「社会問題としてのいじめの発見期」とすれば、「第二の波」以降の展開は、対応策としての「こころの相談体制の確立期」と言える。（52頁）

この大河内君の事件をきっかけに、いじめ対策を心の対策とする発想が台頭し始めたというのです。それは「**心理主義化する日本の対応**」とでも呼べるものでした。

もう一つの焦点は加害の抑止であるが、日本はとりわけ被害者対策に重点が置かれ、「心の相談体制」の充実に力を入れている。

それは90年代の日本社会の「心理主義化」傾向と無縁では無い。「トラウマ」や「癒し」という言葉が流行し、「臨床心理士」資格の取得できる大学院への進学競争が激化し、カウンセラーが憧れの職業となった。（略）

カウンセリングに期待したことも、心理主義の傾向を強めた一因かもしれない。（53頁）

二〇〇二年から文化庁長官に就任した河合隼雄氏の後押しによって、「心のノート」が、日本の文部科学省によって大量に印刷され、同年四月から、全国の小・中学校に無償で配布されたりし始めました。いじめなどが起こるのは、心が道徳的に育っていないからとして、道徳の副教材としてもちいるようにというお達しでした。そしてその結果、対策の心理主義化が始まり、カウンセリングを行なう臨床心理士などを目指す人たちが増えてゆくことになりました。

4 「第三の波」の時期

森田氏の指摘する「第三の波」とは、二〇〇五年に起きた北海道滝川市、小学6年生女子のいじめ自殺、二〇〇六年の福井県筑前町の中学2年生男子などのいじめ自殺などが連続して起こり、それを受けて、この時期に改めていじめへの関心が増した時期のこととされています。そしてこう指摘されました。

> 20年余りにわたって対策が蓄積されてきたにもかかわらず、新らたな波が発生したことで、問題点が改めて洗い出された。特に発生の状況や対応時の問題について、20年前と変わっていないことが明らかにされ、教育関係者に衝撃を与え、社会の批判もその点に集中した。これを踏まえ、中央教育審議会による審議に加え、内閣主導による異例の「教育再生会議」が設置され、教育基本法の改正が図られた。（57頁）

この総括では、いじめがいじめ死を作り出し、そのピークが何度も訪れて、そのつど国をあげての対策会議がなされてきていたにもかかわらず、また同じ悲劇がくり返されてきているというところが指摘されています。そして、その反省もまた、従来と変わらない中身なのです。追加されてゆくのは、**「加害者責任」を厳しく問うという姿勢**でした。それは「教育的指導」に頼りすぎて、加害者を放置してきていたのではないかという反省からです。

ただそこで出てきた一つの新しい視点は、加害者の厳罰化はよしとしても、それだけではダメで、そこに「子どもたちが社会を構成する一員として期待される行為責任を果たしうるよう教育すること」が求められてきた、と森田氏が指摘している所です。ここで改めて、**「シティズンシップの育成」が強調**されることになってきました。

確かに時代は、そういうふうに動いてきていたのです。そういうふうにというのは、子どもたちをはやくから**「公共の人」として育てるという仕組みをつくるという課題**のことです。その課題については森田氏はカタカナ文字の「シティズンシップの育成」がお気に入りで、それは、くり返し使用されてきたのですが、でも、彼の「三つの波」の総括の中には、その具体的な提案は見えてこないのです。

「第三の波」は、このように、いじめが社会問題となった20年前と変わらない状況で現れてきた。それによりこれまで具体化にかけていた点や、全く異なった視点からの対応の必要性を改めて意識させる波となった。

その一つは教育再生会議が着目したように、行為責任を加害者の懲戒に短絡させるのではなく、子どもたちが社会を構成する一員として期待される行為責任を果たしうるよう教育することである。いいかえれば、社会的に責任能力の育成に向けた指導の開発が必要なのである。近年のヨーロッパでは「シティズンシップの育成」に重点を置くことで取り組んでいる教育課題であり、社会の課題でもある。(59頁)

5 児童会・生徒会の活用

唯一、具体的な対策として、取り上げられているのが「**児童会・生徒会の活用**」でした。

いじめ対策の具体的な局面に戻ろう。「第三の波」を経由し、いじめ対策に変化が現れてきている。たとえば、学校の児童会、生徒会活動に、いじめの対応を組み込む動きが増加してきている。もともと児童会、生徒会は、いじめ問題に対処するためのものではない。自分たちの学習環境の充実を目的とする自治組織である。しかし、活動の一環としていじめ問題に取り組むことには、大きな意義がある。働きかける対象がいじめる側、いじめられる側のいずれであったとしても、学校という社会を共に構成する仲間を支援することは、支え合いの絆（social bond）を形成させ、集団の連帯感を高めることにつながるからだ。（61頁）

ここに「支え合いの絆（ソーシャル・ボンド）」という考え方が紹介されています。なぜこのような外来語を出さなければ説明できないのか不思議ですが、ようするに「公共の人」として子どもを育ててゆかなくてならないところに来ているという危機感がここに提示されていると考えればいいと思います。

「第三の波」を経過する中で現れてきたもう一つの変化は、学校だけでなく、家庭、地域を含めた「生活総体」の中で、問題を捉えようとする転換である。「第二の波」の終息期に現れてきた「心理主義化批判」に見られたように、いじめ問題を個人の心や学校の中に閉じ込めず、社会的な広がりの中で解決すべきだとする流れでもある。(62頁)

その通りです。その方向だけが、いじめ対策として唯一求められなくてはいけない道なのです。それにもかかわらず、森田氏がここで、評価されるのは、ずいぶんと的外れな制度でした。彼はこう書いていました。「具体的に実現したのが、スクール・ソーシャル・ワーカーの導入である」と。臨床心理士への否定的な評価に対して、今度は、「スクール・ソーシャル・ワーカー」の導入の肯定的な評価です。ここでも、**子ども同士で解決する場をつくる提案ではなく、「大人」の専門家に頼ろうとする姿勢**が消えておりません。

具体的に実現したのが、スクール・ソーシャル・ワーカーの導入である。(略)もう一つ実現したのは、学校と関係機関との行動連携である。(略)今日の子どもたちの問題行動は、学校単独の生徒指導では対応しきれないものになっている。問題行動の背景に、家庭の「養育力の低下」「脆弱な経済基礎」「家族関係の深刻な葛藤」「学校への不信感」などがある場合が少なくない。(略)親の支援も必要な場合が多い。(略)学校は家庭にまで介入する権限を持たず、福祉機関との連携が必要となる。あるいは、いじめが郊外で行われ、卒業生や無職少年を含む非行集団が絡んでいる場合には、警察や地域住民との連携が不可欠となる。(62頁)

国の政策として、こうした連携が提唱されてきた効果は、いじめ問題にとどまらない。連携により、地域社会の教育力が再生され、官民との協働による新たな「公共性」を再構築する可能性も開かれてこよう。そこで何よりも大切な事は、逸脱行動へ走る子どもたちを、威嚇や処罰によって抑え込むのではなく、社会の中で自立し、参画していく主体へと育つよう支援することである。この方向性は厳罰化とは異なる社会的対応を生む可能性を秘めている。

学校教育は、子どもたちが学校にいる間だけ責任を持つものではない。子どもたちを社会へと送り出し、社会の参画主体としての成長を支援することによって、機能を全うするシステムである。問題を抱えた子どもたちと向き合い、その成長を支えていく人々や機関と協働して、社会的に自立させる仕組みを作る事は、学校教育の根幹に置かれるべき視点である。そのことは、地域社会のあり方としても不可欠である。(63頁)

いわれていることはとても真っ当なことなのです。ではその「子どもたちを社会へと送り出し、社会の参画主体としての成長を支援することによって、機能を全うするシステム」とは何なのかということになると、一方では「スクール・ソーシャル・ワーカー」の導入に高い評価をし、一方で「システム」が必要だと言われるだけなのです。そこには、子ども同士で問題を解決してゆくシステムをつくるというアイディアには至らずに、また専門家の大人の導入（心理学の専門家の導入から社会学の専門家の導入に切り替えただけ）ですむかのような幻想をここで与えているのです。

6 「いじめとは何か」の章について

第3章は「いじめとは何か」と題されています。ここで森田氏のこれまでにいじめの研究のまとめが提出されることになっています。

ここで森田氏は「パワー」という言葉を使い、その「力関係のアンバランスと乱用がいじめの本質を規定する」と書かれています。ここでいわれる「パワー」とは、社会心理学や社会学の考え方に則って「他者に対する影響力」と広くとらえられています。そして「力は資源」だとされます。「相手に影響を与えたり、思い通りに従わせたりするには、裏打ちする資源が必要となる。」「いじめに対応する場合にも、一歩踏み込み、子どもたちの日常生活の力関係に着目し、背後に潜むパワー資源を探し出し、そこに働きかけていくことがポイントとして浮かび上がってくる。パワー資源を操作することによって、いじめる側の優位性の基盤を弱め、あるいは、いじめられている子どもの劣位性の基盤を強化して、歯止めをかけられるからである。」と。（78頁）そしてその「力」のポイントを、森田氏は大きく四つほどにまとめています。

①**いじめは不可避な現象ではない。**

②**いじめは関係性の病理である。**いじめは人間性の深奥に潜む業のようなものではなく、社会の力関係に宿る病理である。能力が低くても、時と場合を変えれば高くなることもある。あるいは同じ人間同士の関係であっても、状況によってバランスが変化する。

③**いじめる側といじめられる側の関係は肯定的ではなく、立場が入れ替わることもある。**前記のように力のバランスは流動的である。いじめる側にいた子どもがいじめられる側に置かれることもあれば、その逆もある。それは同一の関係で起きることもあれば、相手を異にして起きることもある。

④**いじめは、相手を弱い立場において被害を与える。**（略）確かに個人が抱えている「脆弱さ」は、いじめ被害と無関係では無い。しかし、現実はいじめを力関係から捉え直してみると、いじめが生み出される前提に脆弱性があるというのではなく、相互作用の中で、相手の脆弱性が生み出され、そして優位に立つ側の力が乱用されると捉えた方が、事実に即している。いじめとは相手に脆弱性を見出し、それを利用する、あるいは、脆弱性を作り出していく過程である。（74〜76頁、強調は森田）

こういう「力（パワー）」とか「力のアンバランス」からいじめが始まるという説明は、一見わかりやすそうに見えて、でも抽象度が高いので、何を説明しているのかわからないところが出てきます。というのも、たとえば、北欧で移民の子どもへのいじめがあったとしてみます。でもこれは「力（パワー）」の問題からきているのか、「力のアンバランス」からきているのかというと、そうだと説明することは可能です。でも実際は、その移民の子どもが持つ、イスラム的な宗教性や、民族的な慣習・言語の違い、そして貧困などの条件があって、それが理由でいじめに発展していることがあったわけです。そういうことは森田氏自身が、十分に調べてこられたことでした。それなのに、いざ、いじめのまとめということになると、そういう背景はどこかにいって「力（パワー）」とか「力のアンバランス」のせいにされてしまっているのです。そういう説明は、だいぶご都合主義的ではないかと思われます。

「いじめを力関係から捉えなおしてみると、いじめが生み出される前提に脆弱性があるというのではなく、相互作用の中で、相手の脆弱性が生み出され、その優位に立つ側の力が乱用されると捉えた方が、事実に即している。」という説明も、本当に事実にそくしているのかどうか疑問です。というのも移民の子がイスラム教徒であるということが、「パワーの脆弱性」とはとうてい思えないからです。むしろ、たとえ移民の子どもであるにしても、その子の持つイスラム色は、キリスト教徒にとってパワーと感じられ、だからその力が大きくならないうちに、排斥しようとキリスト教徒たちは画策するからです。

だからいじめの本質を「力（パワー）」とか「パワー資源」とか「力のアンバランス」で説明す

るのは無理があるのです。

もちろん森田氏は、その説明を「日本のいじめ」について用いているので、北欧のイスラムの子どもたちが受けているいじめの説明にしているわけではないといわれるかもしれません。

特にインターネットを使ったいじめにも、この説明は有効だとして、次のように説明されています。

> 従来のいじめ論では、インターネットをいじめの手段と位置づけてきた。しかしインターネットは単なる手段にとどまらず、その特性が現実の人間関係にかなりパワー資源を与えることがある。
>
> たとえば、情報の発信者が特定されにくいという特性である。これにより、いじめる側の姿も、いじめられる側との現実の人間関係も、見えなくすることができる。現実の人間関係では、何の力の資源も持たず弱い立場にあったとしても、インターネットを使うことによって、現実の力関係を覆し、優位に立つことができる。インターネットを悪用すれば、現実の世界でいじめられている子どもでも、いじめる側に立つことができようし、復讐も可能である。
>
> インターネットが、このような強力なパワー資源となるのは、その情報が広範囲の不特定多数に、瞬時にして広がる特性を持っているからである。（81頁）

インターネットのいじめも「パワーバランス」だという説明。しかしネットへの書き込みは、「匿名」が確保されている場合に有利に働いても、「書き込み者」が特定されれば、とたんにその「力」は失墜する。そういう発信の匿名性への理解を抜きに、それを「パワー資源」のような「パワー」のイメージで説明しきるのは誤解を生むと思われます。

7 「いじめの定義」への批判

そしていよいよ森田氏の「いじめ」の定義がなされます。それは次のようなものでした。

いじめとは、同一集団内の相互作用過程において優位に立つ一方が、意識的に、あるいは集合的に他方に対して精神的、肉体的苦痛を与えることである。(95頁)

できるだけ、いろいろな事象に適応できる、抽象度の高いものを、と考えてつくられたものですが、今までさんざん考察してきたようなことを、説明するような定義になっているのかというと、とてもそうはなっていません。というのも、森田氏の発想の中では、子どもたちが自分たちで「掟」をつくり、それを「ローカル法＝子ども法」のように使いはじめる過程が、しっかりと捉えられていないからです。なので、その過程を「パワーバランス」というようなカタカナで表記するしかないのですが、そういう表現をすれば、**「ローカル法＝子ども法」が「法的な性質」を持つことが見**

のがされ、その「法」を使って自分たちを「正義」の側に置き、相手に「罰」を与えようとする仕組みが見えてこなくなるのです。森田氏のこの「定義」にははっきりと欠けている視点があります。それは、**子どもたちも、子どもたちなりの「法の世界」を生きはじめているということへの視点**です。「葬式ごっこ」の事件でも、さようならと書かれた色紙に、教師も寄せ書きをしました。教師が寄せ書きをするのですから、その寄せ書きが「法」的に見て、「違反」であるわけがないのです。だから多くのクラスメートが、面白半分にしろ寄せ書きをしたものです。でもこの「寄せ書き」こそが「ローカル法」として巧みに仕組まれた陰湿な「死刑宣告書」であり、それが単なるいじめを超えた、自殺に追いこむ「判決文」になりました。こういう「いじめ」を森田氏の「定義」が「説明」できるのかというと、できないのです。

「同一集団内の相互作用過程」というような抽象的なものは存在しないのです。**クラスや学校の中に現実にあるのは、「ローカル法」に目覚めはじめた者同士の「法的な力比べ」**なのです。

この複雑な「ローカル法」の仕組みを生きる子どもたちの世界が、この森田氏の「定義」ではすくい取ることができません。

かつて森田氏の書いた『いじめ—教室の病理』で有名になった「いじめ集団の四階層」で、「加害者」「被害者」「観衆」「傍観者」という四者が区別されたことがありました。多くの人は確かにそうだ、クラスにはこの四者がいつもいると思ったものでした。しかし「定義」と同様に、この「いじめ集団の四階層」という発想も、本当に見かけだけを指摘している発想です。

教室にはそういう「四階層」のようなものがあるのではなく、「ローカル法」に沿って動く子どもたちがいるということだけなのです。たとえばサッカーのことで盛り上がる子ども集団があれば、ディズニーの話で盛り上がる子どもたちがいる、ということで、その日のうちに生まれては消える「ローカルな掟」のつながりを子どもたちは面白がり楽しみ生きているものです。そこでサッカーの掟を面白がる世界に対しては、ディズニーの掟を面白がる世界からは、傍観者のような冷めたところで見る人たちがいるでしょう。**それぞれの「ローカルな掟」への関心の強さによって、熱中度、距離感が違う**からです。その距離感を「四階層」と呼び替えているだけで、いじめでなくても、話題によっては「傍観者」や「観客」で済ませることなどいくらでもあるものです。

こうした考察を踏まえると、『いじめとは何か』の本には、あといくつもの考察が出てくるのですが、これ以上、取り上げるのは止めておきましょう。というのも子どもたちの間に生まれては消えるこの「ローカルな掟」の世界へのしっかりした見識がないと、現象面で現れる子どもの多様な動きに、見かけ上の解釈をしてすませることになるからです。たとえば次のような考察です。

「友達をからかう」は全クラスで確認されており、「持ち物かくし」も44学級中42学級で発生が確認されている。クラスのほぼ全員がイジメは悪いことだと認識していても、抑止力になっていないのである。

調査チームの島和博は、この矛盾を説明する1つの鍵が、いじめを面白いと感じている点にあると分析している。持ち物かくしについては、悪いことだが面白いという反応が2割強、友達をからかうでは4割強であった。この傾向は、「いじめている子」やいじめを周りで囃し立て、面白がって見ている「観衆」層の子どもたちに顕著である。

善悪の判断が、「理性知」の判断だとすれば、「面白い」という評価は「情動」のレベルで生じる。「悪いことだが面白い」という状況は、規範が内在化されず、情動を抑制できない場合、あるいは「面白さ」を求める情動が、「中和の技術」で行動を正当化してしまう場合、または、既述の群集心理が発生する場合などが考えられる。(124頁)

ここで考察されているのは様々な「ローカル法的世界」を生きる子どもたちが、それぞれの「ローカル法」の正当性を感じる時の状況を別な言葉で説明しているだけなのです。キリスト教の「ローカル＝掟」にたてば、イスラム教徒の子どものしていることは「おかしく見える」というそういう場面についてです。そこで、キリスト教徒の子どもに「人をあざ笑うのは悪いことか」と一般的なことを聞くとはっきりと「悪いことだ」と真っ当なことを答えます、でもキリスト教徒からみたら、イスラム教徒の子どものしていることを「あざ笑う」というのは「悪く」思えないのです。「ローカルな掟」同士が競り合ってお互いの価値観を批判し合う時は、こういう「善し悪し」の判断の立て方は、対立してしまうのです。

でもここで森田氏の書いていることには、そういう**「ローカルな掟」を生きる子どもたちの「違反性」への感覚がまちまちになることへの視点**が、はっきりと示されていないのです。

こういうことをいくら指摘しても空しいのですが、最後に、森田氏と共有する視点を取りだしておきたいと思います。と言ってもこれまでにも何度も共有できる視点は、そのつど取り上げてきておりました。この論考は、決して一方的な批判をすることに目的があったわけではないのですから。

いじめ問題を「個人化」させず、学校社会にとっての問題として「公共化」させる力を子どもたちにつけ、自分たちの手で課題を解決するよう、主体的に参画させていくことが必要である。

欧米では、こうした指導が「シティズンシップ」教育の中で行われている。イギリスやオランダでは、成長していくにつれて「仲裁者」が増え、子どもたち同士の間で早期に抑止力が作動するため、いじめがエスカレートしない事を見た。中学生と言う発達段階は、集団の一員としての役割や責任の自覚が促される時期であることを考え合わせると、「シティズンシップ」教育が実を結び始める時期とも言える。（141頁）

私が第1章で提起してきた「教室に広場」の提言は、ここで森田氏が指摘されていることを具体的に実践する道を示したものです。彼がくり返し言っていた「シティズンシップ教育」も、実際には「教室の広場」つくりをすることの中で育ってゆくものであることを、ここで改めて指摘しておきたいと思います。

あとがき

いじめを除去する対象としかとらえない国や学校の「対策法」に、根本の異を唱えることから出発したのがこの本でした。水面に出た波を、つぶそうとして、その水面下に流れる「大きなうねり」を見のがしてきた失策についても、この本は批判してきました。それを「角《つの》を矯《ため》めて牛を殺す」ということわざにも喩えてきました。口先では、子どものためにとか、子どもを守るためにと言いながら、**子どもの力を信じないで「大人の監視」を強める施策ばかりを続けたあげく、たくさんの子どもの命を守れずにきていた**ことを批判してきました。

困っている子ども、いじめられている子を、単独に取りだして守るということでは、本当には子どもは守れないのだということに、関係者にもっと深く気がついてほしいと願ってこの本は書かれています。子どもを傷つけるのが子ども同士であれば、子どもを守るのも子ども同士の力なのです。**子どもの力をもっと信じる施策をとってゆくしか子どもを守る道はないのです。その道筋を「広場」という言い方で示しましたが**、この「広場」のイメージを、ローマの広場から、現代都市建築の広場までを含めた中でたどってきているのは、教室に広場なんかつくれっこないという人の広場のイメージの狭さを考え直していただくためでした。ハンナ・アレントも「公共空間」がギリシアの「アゴラ（広場）」から始まっていることを指摘（『活動的生』：『人間の条件』の旧訳題名）していました。アレントの指摘を受けて、フランス革命時代の「サロン」や「カフェ・ハウス」に注目し、そこに集う「公衆――つまり会話と討論を広げる人たち」に注目したのが『公共性の構造転換』を書いたハーバーマスでした。

子どもたちが大人に向けて早くに準備をすること（フランス革命時代は、そういう意味で、子ども＝法を持たないものが、大人＝法を持つものへと歴史的な準備をしはじめた時期だったのかもしれません）は、動物の生態を見てもあきらかです。そして、人間も例外ではないのです。人間の子どもも、10歳を過ぎると密かに「大人の力」、この本では「法の力」と呼んできたものを自分たちなりに使い始めるのです。この本の第3章の『長い道』の解読の最後に、モデルになった二人の写真を載せておきました。この小さいほうの可愛らしい小学生が、本当にこの小説の主役だったのだということを、今こそ噛みしめるときが来ていると思います。当時も今も、小学生では「大人扱い」はされませんから、「子どものふり」をしながら、大人顔負けの金融業や死刑宣告人のようなことを「地下活動」として続けてきていいます。だからこそ、**「表に出て話しをする場」が、今こそ子どもたちにも必要**なのだとこの本では訴えています。

そのために必要な**「広場」のイメージは、親子の間にも、夫婦の間にも、職場の中にも必要**なのではないかとも訴えています。誰にでも自分たちの暮らす場に不公平や公正さを欠くようなことが出てきたら、「公共の人」としてその不正を問いただすことができてもいいのです。その「場」をここでは「広場」と呼んでいるのであって、他の呼び方をされてもいいものです。

この本の特徴としては、文学作品の読み解きに力を入れています。**文学は、人間の持つ「善」と「悪」を最初から分けたりしない**ので、何が善で何が悪なのか、その入れ替わりや、悪に見える人がそうでないものを持っていたり、善に見える人がそうでないものを持っていたり、その両方が一人一人にあることをしっかりと考えることをいつも求めてきました。そういう文学の水準に達してないのが『君たちはどう生きるか』でした。「ワル」を呼び捨てに、「良い子」を君付けにして、読者に最初から善悪の先入観を与える作品がいかにお粗末なものであるか、なぜ「ワル」が教室にいるのかを問う視点の欠如、文学を味わえる人ならよくわかると思います、

この本で触れられなかったことに、**学校通貨の問題**があります。それは谷崎潤一郎の『小さな王国』で取り上げた問題です。子どもたち同士で、学校で通用する紙幣の発行をするという、びっくりするような話の問題です。小説を読まれた方は、こういうことはよくないことだと思われてきたかもしれませんし、谷崎文学を論じる批評家の中も、この「学校通貨」の問題を正面から取り上げた人はいませんでした。しかし私は教室や学校に「広場」をつくる**子どもたちが、「法」に目覚める時は、「お金」に目覚める時でもあるので**（だから大津市中2の事件でも金銭が脅し取られていたのですが）、ぜひ「広場」を使って、「地域通貨」としての「学校通貨」が使える未来を切り開い

ていってほしいと思いました。昔から子どもたちは「めんこ」や「カード交換」などで「お金の感覚」は磨いてきていたのですから。でもそのテーマには、残念ながら触れられませんでした。

最後にこの本の出来てきた経過についてです。この本の出来る大きなきっかけに『13歳論』（洋泉社、一九九九年）がありました。一九九九年当時「13歳」に注目し、この年齢から「法の人になる」ことを意識しないといけないと訴えたことは、当時の思潮からはずいぶん離れていたものでした。それでも当時の編集者の小川哲生氏は私を励まし、この本を出版に持ち込んでくれました。彼の果敢な意志と勇断がなければ『13歳論』も、そしてその方向を引き継いだこの本もできなかったことを思うと、彼に改めて深い感謝をしないわけにはいきません。ここまでやってこれましたと報告させていただきます。

そしてその『13歳論』を持って、エディシオン・アルシーヴの編集者、西川照子氏が、私をたずねてきてくださいました。白川静氏に造詣の深い西川氏とたくさんお話しして、『13歳論』の新展開の意図も含め、従来のいじめ論にはない「いじめ」の本を書くことになりました。原稿は出来ていったのですが、残念ながら出版には到らず、その願いは言視舎の杉山尚次氏に引き継いでいただくことになりました。この原稿ができて、そのあとに『「君たちはどう生きるか」に異論あり！』ができたのですが、出版は逆になりました。この二つの本は連動していますので、共に関心を寄せていただけたらと思います。最後に、私の無理をとことん聞いて出版に持ち込んでくださいました杉山尚次氏に深く感謝申し上げます。ありがとうございました。この本が、子どもたちの自死の歯止めになることを願っています。

村瀬学（むらせ・まなぶ）
1949年京都生まれ。同志社大学文学部卒業。現在、同志社女子大学生活科学部特任教授。主な著書に『初期心的現象の世界』『理解のおくれの本質』『子ども体験』（以上、大和書房）、『「いのち」論のはじまり』『「いのち」論のひろげ』（以上、洋泉社）、『なぜ大人になれないのか』（洋泉社・新書y）、『哲学の木』（平凡社）、『なぜ丘をうたう歌謡曲がたくさんつくられてきたのか』（春秋社）、『「あなた」の哲学』（講談社新書）、『自閉症』（ちくま新書）、『「食べる」思想』（洋泉社）、『宮崎駿の「深み」へ』『宮崎駿再考』（平凡社新書）、『次の時代のための吉本隆明の読み方』『徹底検証 古事記』『古事記の根源へ』『『君たちはどう生きるか』に異論あり！』（言視舎）などがある。

編集協力………田中はるか
DTP制作………勝澤節子
装丁………山田英春

いじめの解決 教室に広場を
「法の人」を育てる具体的な提案

発行日❖2018年7月31日　初版第1刷

著者
村瀬学

発行者
杉山尚次

発行所
株式会社言視舎
東京都千代田区富士見2-2-2　〒102-0071
電話03-3234-5997　FAX 03-3234-5957
http://www.s-pn.jp/

印刷・製本
モリモト印刷㈱

ISBN978-4-86565-126-3 C0036